Wilfried Röhrich

Fronten des Dschihadismus

Wilfried Röhrich

Fronten des Dschihadismus

Der Islamische Staat, al-Qaida
und der Syrien-Konflikt

Umschlagbild: terrormiliz-is. (jpg)

Bibliografische Information der Deutschen Nationalbibliothek
Die Deutsche Nationalbibliothek verzeichnet diese Publikation in der Deutschen Nationalbibliografie; detaillierte bibliografische Daten sind im Internet über http://dnb.d-nb.de abrufbar.

ISBN 978-3-643-13503-2

© LIT VERLAG Dr. W. Hopf Berlin 2016
Verlagskontakt:
Fresnostr. 2   D-48159 Münster
Tel. +49 (0) 2 51-62 03 20   Fax +49 (0) 2 51-23 19 72
E-Mail: lit@lit-verlag.de   http://www.lit-verlag.de

Auslieferung:
Deutschland: LIT Verlag Fresnostr. 2, D-48159 Münster
Tel. +49 (0) 2 51-620 32 22, Fax +49 (0) 2 51-922 60 99, E-Mail: vertrieb@lit-verlag.de
Österreich: Medienlogistik Pichler-ÖBZ, E-Mail: mlo@medien-logistik.at
E-Books sind erhältlich unter www.litwebshop.de

Inhalt

Einleitung 9

1 Der Islam als politische Ideologie 14
2 Das koloniale Erbe: Nationalstaaten 17
  und ihr Staatsversagen
3 Sayyid Qutb und der Begriff der Dschahiliyya 21
4 Der islamische Staat der Muslimbruderschaft 25

5 Al-Qaida und der 11. September 29
6 Osama Bin Laden und die Dschihad-Ideologie 33
7 Der Irak-Krieg und die Entstehung des IS 37
8 Der Islamische Staat, die al-Nusra-Front 41
  und al-Qaida
9 Abu Bakr al-Baghdadi und das Kalifat 45
10 Die Rückkehr der Taliban 49

11 Der Sunna-Schia-Konflikt: Saudi-Arabien 53
   und Iran

12 Staaten und Allianzen gegen den IS 60
13 Exkurs: Die Türkei, die Kurden und der IS 64
14 Russland, die Assad-Diktatur und der Syrien-Krieg 69
15 Provinzen des IS: Libyen, Nigeria, Sinai 75
   und die Nachbarländer
16 Der Islamische Staat und Europa 80

Ein Nachwort	**84**
Anhang	
Namen und Organisationen	**87**
Literaturhinweise	**90**
Register	**100**

Einleitung

Der 11. September 2001 war der Tag, der die Welt veränderte. Die Terroranschläge auf das World Trade Center mitten in Manhattan und auf das Pentagon in Washington stehen für eine tragische Realität. Dass nur wenige Jahre später der „Islamische Staat" als die weit gefährlichere Dschihadisten-Gruppe der Welt auftreten sollte, schien unwahrscheinlich. Doch es gibt diese Macht, deren Milizen militärisch hochprofessionell vorgehen und ganz bewusst Morde als Internetpropaganda nutzen. Der Dschihadismus bedient sich hierbei der Lehren des Islam und beansprucht, die einzig wahre Auslegung des Glaubens zu sein. Er stellt eine Politisierung des Islam dar. Und dies bedeutet, dass bei Terroraktionen der Islam nicht als Religion, sondern als politische Ideologie in Erscheinung tritt.

Die so gekennzeichnete Politisierung des Islam entstand aus einer antiwestlichen Grundorientierung – besonders aus der kolonialen Praxis, der strukturellen Abhängigkeit der islamischen Länder von den westlichen Industrienationen und nicht zuletzt aus der amerikanischen Interessenpolitik im Nahen Osten. Der wohl bedeutendste dschihadistische Ideologe war Sayyid Qutb. Sein zentraler Begriff der Dschahiliyya (ǧāhiliyya) bezeichnet den Zustand vorislamischer Unwissenheit: einen Zustand der nach Qutb immer dann zu verzeichnen ist, wenn die Gesellschaft vom Weg des Islam abweicht. Qutb hat zahlreiche Dschihadisten inspiriert, namentlich Bin Laden, der mit Qutbs Worten die Terroranschläge der al-Qaida als einen Religionskrieg „zwischen Iman/Glauben und Kufr/Unglauben" wertete, darüber hinaus ebenso die Muslimbruderschaft, für die der programmatische Begriff des islamischen Staats für die politische Ordnung der Bruderschaft und für die erstrebte Renaissance der islamischen Politik stand und noch immer steht.

Der Terminus des islamischen Staats der ägyptischen Muslimbruderschaft darf nicht mit dem gleichnamigen Begriff der Dschihadisten Abu Bakr al-Baghdadis verwechselt werden. Der eingangs herausgestellte „Islamische Staat" entstand im Irak. Der amerikanische Irak-Krieg (2003) führte zum Sturz von Saddam Hussein, mit dem die Vereinigten Staaten ein laizistisches Regime zerschlugen, das diktatorisch die religiösen Kollektive im Irak zusammengehalten hatte. In dem darauffolgenden Sunna-Schia-Konflikt im Zweistromland, an einer der ältesten Bruchlinien innerhalb der islamischen Welt, entstand das Operationsfeld für den jordanischen Terroristen Abu Musab al-Zarqawi, dessen Terrorgruppe sich seit 2004 al-Qaida im Irak nannte. Nach seinem Tod (2006) formierte sich der „Islamische Staat im Irak" (ISI). Al-Zarqawi ist zum prägenden Vorkämpfer des IS geworden.

Nach den Terroranschlägen und Hinrichtungen im Irak kam es zu Gebietsgewinnen in Syrien. Dort war 2011 im Rahmen des Arabischen Frühlings ein Aufstand gegen das Regime Baschar al-Assads ausgebrochen, dessen gewaltsame Reaktion zum Bürgerkrieg führte. Von Bedeutung wurde das spannungsreiche Verhältnis zwischen dem IS, der al-Qaida und der Dschabhat al-Nusra, der al-Nusra-Front. Der zunächst schleichende, bald aber brutale Prozess der IS-Eroberungen führte zur Einnahme der syrischen Provinzmetropole Raqqa, die der „Islamische Staat" zu seiner Hauptstadt erklärte.

Im Irak gelang der Sturm auf Mossul, auf die zweitgrößte irakische Stadt mit zwei Millionen Einwohnern. Nun rief al-Baghdadi am 29. Juni 2014, dem ersten Fastentag im Monat Ramadan, das lange akribisch geplante IS-Kalifat aus und sprach in Mossuls ältester Moschee das Freitagsgebet. Er sieht sich als legitimen Nachfolger des Propheten und beansprucht die weltweite Führung der Muslime.

Dass die al-Nusra-Front, der offizielle Ableger der al-Qaida in Syrien, inzwischen das ideologische Ziel anstreben soll, parallel zum IS-Kalifat ein eigenes Emirat im nordsyrischen Idlib auszurufen, ist aus der Rivalität des „Islamischen Staats" und der Terrororganisation al-Qaida zu verstehen; beide waren recht lange in einen Kampf um die Vorherrschaft verstrickt, den al-Qaida bisweilen zu verlieren drohte. Mit einem eigenen Emirat könnten al-Nusra und vor allem al-Qaida gegenüber dem IS an Attraktivität gewinnen. Auch hat die Dschabhat al-Nusra ihrer über Syrien hinausgehenden Agenda nie abgeschworen.

Die Bewertung des Dschihadismus muss über die engeren Terrorismus-Aktionen hinaus den Kontext des Nahen Ostens berücksichtigen. Das trifft vor allem für das Schisma der Muslime zu: für den Sunna-Schia-Konflikt und den damit einhergehenden Machtkampf zwischen den beiden Regionalmächten, dem wahhabitisch-sunnitischen Saudi-Arabien und dem schiitischen Iran. Die ohnehin starken Spannungen zwischen den beiden Ländern wurden erst kürzlich durch die Hinrichtung des prominenten schiitischen Geistlichen Nimr al-Nimr in Saudi-Arabien erneut angefacht. Interessant ist aber auch – unabhängig hiervon –, dass die Ideologie des saudischen Wahhabismus die gleichen Wurzeln aufweist wie die des „Islamischen Staats".

Eine weitere ergänzende Betrachtung geht auf Präsident Erdogans Bürgerkrieg gegen die kurdische PKK im Südosten der Türkei und gegen die IS-Terrormiliz im Süden seines Landes ein, das manche Historiker ein „Osmanisches Reich en miniature" nennen. Die neuerliche Debatte darüber, ob die Türkei eine islamische Verfassung benötigt, steht im Kontext mit der geplanten Errichtung eines Präsidialsystems für einen islamischen Alleinherrscher – bedeutsam für den Nahen Osten, aber auch für Erdogans Verhältnis zu Präsident Putin und dessen enge Bindung an Syriens Diktator al-Assad.

Eine besonders wichtige Bedeutung für die Thematik des Buches kommt schließlich der aktuellen Expansion des Dschihadismus zu. Der „Islamische Staat" hat bisher rund 35 Prozent seines Territoriums im Irak und in Syrien verloren. Damit ist aber noch keine Trendwende verbunden. Bedeutende Eroberungen unterstehen weiterhin der Terrormiliz – trotz der zahlreichen Luftschläge der US-geführten Koalition. Gleichzeitig trachtet der IS danach, die Fronten seines Machtbereichs geographisch auszuweiten. Es geht hierbei um eine militante Expansion in Nachbarländer des Kalifats. Dort befinden sich jene schwachen Staaten, jene „failed states", die für den IS als Terror-Exporteur von Interesse sind. Zu ihnen zählen vor allem Libyen, Nigeria und die ägyptische Halbinsel Sinai.

Darüber hinaus hat sich der „Islamische Staat" entschieden, eine Front in Europa zu eröffnen. Die Anschläge in Paris und in Brüssel zeigen einen tiefgreifenden Wandel in der Strategie der Terrororganisation. Lag ursprünglich die Betonung auf der Anwerbung von Kämpfern im Westen und der Ausreise von dort zum IS und in das IS-Kalifat, so änderte sich die dschihadistische Doktrin mit den ersten Luftschlägen der USA und ihrer Koalition im August 2014. Kurz danach rief der IS erstmals zu Anschlägen im Westen auf. Namentlich Europa steht seitdem vor einer Herausforderung, deren Dimension erst allmählich bewusst wird.

Blickt man auf die Kerneroberungen der IS-Terrororganisation, so dokumentiert sich eine Macht, deren Milizen ganze Städte einnehmen und grausame Morde verüben. Bereits im März 2015 hatte der IS in weiten Teilen Ostsyriens und im Norden und Osten des Irak bewiesen, dass er den weltweiten Dschihad anzuführen bereit ist. Charakteristisch für diese Eroberungen war nicht allein die dschihadistische Ideologie einer Terrorgruppe aus religiösen Fanatikern und nüchternen Strategen, sondern vor allem die hemmungslose Brutalität: die Gewalttaten gegen Schiiten, Alawiten und Christen.

Das vorliegende Buch unternimmt den Versuch, die unterschiedlichen Entstehungsbedingungen und Strategien des „Islamischen Staats" zu beschreiben. Es beabsichtigt, dem Leser die kaum vorstellbare Macht einer Terrororganisation im Kontext eines Nahen Ostens aufzuzeigen, dessen staatliche Schwächen (Stichwort „failed states") und dessen Sicherheitsdefizite maßgeblich zu den IS-Erfolgen beitragen.

Ein äußerst wichtiger Teil des Kampfes gegen den „Islamischen Staat" ist deshalb die innere Sicherheits- und Geheimdienstarbeit. Und dieser Hinweis, dessen Berechtigung der Nahe Osten veranschaulicht, ist gleichermaßen bedeutsam für die umkämpften Nachbarländer des IS und für Europa. Wenn es zutrifft, dass der IS rund 400 Kämpfer für Anschläge auf dem europäischen Kontinent trainiert, dann sollten all die Empfehlungen ernst genommen werden, die das GTAZ (das deutsche Gemeinsame Terrorismusabwehrzentrum) zusammen mit europäischen und amerikanischen Behörden herausgegeben hat.

1 Der Islam als politische Ideologie

Die in der Einleitung erwähnte Politisierung des Islam zeigt sich besonders im islamischen Recht der Scharia, die weder kodifiziert noch eine vom Herrscher unabhängige Rechtsinstitution ist. In diesem Kontext erweist es sich als bedeutsam, dass die Scharia bei den Dschihadisten die grundlegende Bedingung für die Konstitution eines politischen Systems in der islamischen Welt bildet. Die Dschihadisten, die auf die islamische Revitalisierung zielen und auf die traditionelle Idee der Universalität der islamischen Offenbarung zurückgreifen, sehen hierin die Repolitisierung des Sakralen. Auf die Intention dieser Dschihadisten lässt sich die Verlagerung von den religiösen hin zu den religiös-politischen Bindungen zurückführen. Der islamische Scharia-Staat bezieht seine Legitimität aus der Scharia in ihrem klassischen arabischen Begriff, den man mit dem „vorgeschriebenen Weg" übersetzen kann. In diesem Sinne findet sich der Begriff Scharia nur ein einziges Mal im Koran. In der zu Mekka offenbarten Sure Al-Ğâtiya 18 heißt es: „Dann brachten wir dich, im Hinblick auf die Sache (des Glaubens), auf einen gebahnten Weg. So folge ihm ..."[1] Ohne diese Bedeutung gebührend zu überdenken, steht für die Dschihadisten die Scharia im Mittelpunkt ihres Staatsmodells. Unter dem Aspekt der Politisierung des Islam dienen die weder homogenen noch genau definierten Rechtsquellen der Scharia der Delegitimierung der bestehenden politischen Ordnung – und der

---

Der Koran wird durchgehend nach der deutschen Übersetzung von Hartmut Bobzin zitiert: Der Koran, München. – Siehe hierzu und zum Folgenden die inzwischen klassischen Werke von Bassam Tibi, vor allem Tibi (1999/2002) und Tibi

Legitimierung der dschihadistischen Praxis politischer Herrschaft.

Um den Unterschied zwischen dem Dschihadismus als politischer Ideologie und dem Islam als Religion zu verstehen, lässt sich kurz auf die islamische Geschichte zurückblicken. Hier bildete sich vom 7. Jahrhundert an ein muslimisches Welteroberungsprojekt heraus, das qua Islamisierung darauf zielte, das Dār al-Islām, das „Haus des Islam", im Verständnis von Dār al-Salām, vom „Haus des Friedens" – gemäß der in Mekka offenbarten Sure Yūnus 25 –, in der Welt zu errichten. Diese Expansion erfolgte nach orthodoxem islamischem Verständnis in Form einer globalen Islamisierung mit den kriegerischen Mitteln des Dschihad, den die Muslime als gottgewollten Krieg führten und der als eine Herausforderung an die Christen gedeutet werden kann. Diese reagierten mit den Kreuzzügen, die bis heute das islamische kollektive Gedächtnis mitbestimmen. Im 19. Jahrhundert wurde das islamische Dschihad-Projekt vom westlichen Globalisierungsprojekt verdrängt. Die ursprünglich bedrohten Europäer wurden durch die beginnende Kolonisierung zur Bedrohung des Islam. In der zweiten Hälfte des 20. Jahrhunderts breitete sich bis in die Gegenwart eine Repolitisierung des Islam und damit ein Dschihadismus aus, der darauf abzielt, die vom Westen ausgehende Globalisierung zurückzudrängen und die Welt neu zu ordnen.

Der Dschihad als der Kriegstyp der Eroberungen in der islamischen Geschichte unterscheidet sich von der genuinen Bedeutung des Dschihad-Begriffs. Im Koran ist damit primär die „Anstrengung zur Verbreitung des Islam gegen die Ungläubigen" gemeint – eine Begriffsbestimmung, die allerdings in concreto die Gewaltanwendung nicht ausschließt und die kriegerischen Auseinandersetzungen in der islamischen Geschichte nicht ausschloss. Um dies nachvollziehen zu können, muss man zwischen den

Mekka- und den Medina-Texten im Koran unterscheiden. Die zu Mekka offenbarte Sure Al-Kāfirun 6 fordert die Gläubigen auf, ihren Widersachern den Glaubenssatz entgegen zu richten: „Euch eure Religion und mir die meine!" Der Dschihad ist hier eine Waffe der Überzeugung. Erst in den zu Medina offenbarten Suren verdichten sich die zur Gewaltanwendung aufrufenden Koranstellen zu einer Dschihad-Doktrin.

Medina war die Keimzelle des islamischen Staates, von dem der Dschihad zur Verbreitung des Islam ausging. Unter diesem Aspekt ist die Sure Al-An'ām 151 zu sehen, in der es heißt: „Und tötet keinen, welchen Gott verboten hat zu töten, es sei denn, rechtens." Diese Koranstelle bezieht sich in ihrer normativen Ausrichtung auf die Dschihad-Kriege der islamischen Geschichte, in denen die Gewalt das kennzeichnende Merkmal war. Diese Kriege fanden seit der gescheiterten Belagerung Wiens (1683) nicht mehr statt. Mit dem Aufstieg des Westens verlagerte sich die Intention; der islamische Dschihad des 19. und 20. Jahrhunderts nahm die Form des Antikolonialismus an. Erst die Islamisten als Terroristen und Dschihadisten bedienen sich erneut des Dschihad als Gewaltmittel, um die von ihnen proklamierte „islamische Weltordnung" zu etablieren.

2 Das koloniale Erbe: Nationalstaaten und ihr Staatsversagen

Innerhalb eines Jahrzehnts – vom Golfkrieg 1991 bis zum 11. September 2001 – wurden die islamischen Nationalstaaten destabilisiert und der Dschihadismus gefestigt. Nach dem Golfkrieg suchte man nach einer Neuordnung des Nahen Ostens. Und seit den Terroranschlägen in New York und Washington geriet die gesamte Welt des Islam ins Blickfeld der Öffentlichkeit. Lange davor hatte sich mit der Abschaffung des Kalifats 1924 die islamische Umma in zahlreiche islamische Nationen aufgelöst – analog der damals von Europa übernommenen Idee der Nation. Es vollzog sich ideologisch und politisch ein Wandel von der „Gottesherrschaft" zum säkularen Nationalstaat, der im Kolonisationsprozess auf die islamische Zivilisation übertragen wurde, ungeachtet dessen, dass dem islamischen Nationalstaat all das fehlt, was die europäischen Institutionen auszeichnet.

Der säkulare, auf interner und externer Souveränität gründende Nationalstaat ist mithin von seinem Ursprung her eine europäische Institution. Dass er in den islamischen Ländern auf Widerstand stieß, ist darauf zurückzuführen, dass er zwar weltweit verbreitet wurde, aber dass die ihn tragenden Normen und Werte nicht universalisiert werden konnten. Damit erhebt sich die Frage nach der Zukunftsperspektive des Nationalstaats in den Ländern der islamischen Zivilisation – eine Frage, die sich mit dem Hinweis auf die Identitätsmuster des Nationalstaats angehen lässt, die sich namentlich mit den ethnischen Zugehörigkeiten in der islamischen Welt überschneiden. Deshalb muss stets das Ethnizitätskonzept beachtet werden, wenn es um vormoderne Zivilisationen geht, da ethnische und religiöse Identitäten bei weitem entscheidender sind als die Identität nomineller Nationalstaaten. Wenn dennoch der nominelle Nationalstaat im arabisch-islamischen Teil des Nahen Ostens zur Realität zählt, so lässt sich dies auf die jeweiligen islamischen Führungsgruppen des 19. und des frühen 20. Jahrhunderts zurückführen, die die europäische Kolonialherrschaft bekämpften, aber den Widerspruch übersahen, simultan das europäische Modell des Nationalstaats zu übernehmen.

Um die damit verbundene Problematik für die islamische Zivilisation kenntlich zu machen, braucht nur an die historische Vorform des europäischen Nationalstaats erinnert zu werden: an jenen souveränen Staat, der sich als Folge des Westfälischen Friedens (1648) formierte. Mit diesem im Kern europäischen System bildete sich in einem über die Jahrhunderte währenden Prozess von Konferenzen und Konzessionen ein Komplex von friedensbezogenen Normen, Regeln und Verhaltensweisen für die Staatengemeinschaft heraus. Diese Normen bestimmten die Ordnung der Staatenwelt durch die Repräsentanten dieser Staaten. Herausgestellt wurde der Charakter ihrer Verbindung als System. Dieses umfasste die sich als unabhängig und souverän anerkennenden Staaten, die – mit ihrer Expansion in andere Kontinente – auch die Ordnungsansprüche der europäischen Staaten auf die globale Staatengemeinschaft übertrugen. Zuvor war es mit Wirkung auf das Westfälische System zur Französischen Revolution gekommen, die der Beginn einer wachsenden Demokratisierung und eines zunehmenden Nationalismus verkörperte; aus der dynastischen Souveränität ging die Idee der Volkssouveränität hervor. Und die bis dahin vorherrschenden souveränen Staaten entwickelten sich zu Nationalstaaten.

Ein solches Konzept politischer Souveränität hat sich in der islamischen Welt zu keinem historischen Zeitpunkt herausgebildet.

Die Kolonialzeit hat die traditionellen Gesellschaftsstrukturen zerstört, ohne die neu entstandenen Staaten mit einer eigenen Identität zu versehen. Koloniale Grenzen sorgten stattdessen für Nationalitätenkonflikte oder wurden – wie die Grenzwälle zwischen Syrien und dem Irak – von IS-Dschihadisten bei ihren Geländegewinnen niedergerissen, um die vom Kolonialismus geschaffene „Schmach" der Nationalstaatsgrenzen zu beseitigen.

Neben dem Kolonialismus existieren geopolitische und vor allem ökonomische Erklärungen für die Entstehung gescheiterter Staaten: Die Schuldenkrise in den 1980er Jahren, das Ende des Kalten Kriegs seit Anfang der 1990er Jahre, in denen Waffenlieferungen und außenwirtschaftliche Unterstützungen aufrecht erhalten blieben, und schließlich die Globalisierung, die schwache Ökonomien verwundbar gemacht haben. Die bei weitem dominante Ursache für „Staatsversagen" (im Sinne von „failed states") ist jedoch das koloniale Erbe. Politikwissenschaftlich sollen die Staaten drei zentrale Funktionen aufweisen: Sicherheit, Wohlfahrt und Rechtsstaatlichkeit. Wenn ein Staat diese drei Funktionen nicht mehr hinreichend erfüllt, spricht man von einem gescheiterten Staat – im Unterschied zu einem schwachen Staat (weak state) oder einem verfallenden Staat (failing state), einem Staat also, der nur in eingeschränkter Form noch funktionsfähig ist. Als gescheiterte Staaten (failed states) werden hier auch solche Staaten genannt, die schwache oder verfallende Staaten sind und bei denen nichtstaatliche Akteure – vor allem dschihadistische Organisationen wie der „Islamische Staat" und al-Qaida – einen bedeutenden Einfluss ausüben.

Das zuvor aufgezeigte Staatsversagen seitens der Nationalstaaten wird in negativer Weise durch eine Rückständigkeit der arabischen Welt ergänzt, die der Arab Human Developmen Report der

UN in seinen verschiedenen Berichten dokumentiert. Er zeichnet darin ein ganzheitliches Bild mehrerer Faktoren auf, die den Status der „human security" kennzeichnen sollten. Dazu zählen ökologische, wirtschaftliche, demographische, bildungspolitische und gesundheitspolitische Aspekte sowie nicht zuletzt die persönliche Sicherheit, die vor allem durch militärische Interventionen gefährdet wird. Der angesehene Autor Rami G. Khouri, der sich mit den Ergebnissen des UN-Berichts auseinandersetzt, stellt sieben Pfeiler der arabischen Unsicherheit (fragility) heraus: a) Umwelt und Ressourcen mit der Problematik des Bevölkerungswachstums vor allem in den Städten, b) den Mangel an sauberem Wasser, c) die Regierungspolitik, die die Sicherheit der Staatsbürger mehr bedrohe als schütze, d) die Gewalttätigkeiten besonders gegenüber Frauen, e) die wirtschaftliche Misere der Armut, f) die schlechte Lebensmittel-Versorgung und schließlich g) die Problematik der Flüchtlinge in der arabischen Welt.

Der UN-Entwicklungsbericht befasst sich des weiteren exemplarisch mit den Medien, die in der arabischen Welt bei der Wissensvermittlung eine Hauptrolle einnehmen. Diese Medien werden in nahezu allen arabischen Staaten zensiert; sie befinden sich zumeist in staatlichem Besitz und dienen primär dazu, staatliche Propaganda zu verbreiten. Gewisse Ausnahmen bilden drei Nachrichtensender: Al Arabia und Abu Dhabi TV in den Vereinigten Arabischen Emiraten und Al Dschasira im Emirat Katar. Gleichwohl liefern die drei Stationen keine völlig unabhängigen Informationen; immerhin werden die Sender von Regierungen finanziert.

3 Sayyid Qutb und der Begriff der Dschahiliyya

Sayyid Qutb (1906-1966) war zweifellos der profilierteste Denker des Dschihadismus; er war der selbsternannte Prophet eines politischen Islam, und sein Einfluss, der bis heute anhält, ist kaum zu überschätzen. Die Werke dieses ägyptischen Denkers entstanden in der Regierungszeit Nassers, in der Qutb mit staatlichem Druck, mit Haft und Folter, konfrontiert wurde. Neben diese Erfahrungen traten alsbald jene stark negativen Eindrücke während eines Aufenthaltes in den USA, die Sayyid Qutb darin bestätigten, den Kampf gegen den Westen, die Ablehnung seiner Werte und seiner kulturellen Moderne voran zu treiben: „Die Menschheit", so schrieb Qutb über die USA in den 1950er Jahren, „lebt heute in einem großen Bordell. Man muss nur die Presse lesen, die Filme, Modeschauen, Schönheitswettbewerbe, Tanzhäuser und Weinbars ansehen. Oder ihre verrückte Lust an nacktem Fleisch, provokativen Posen und krankhaften, anzüglichen Elementen in der Literatur, der Kunst und den Massenmedien betrachten. Dazu kommt das System des Wuchers, das die Gier der Menschen nach Geld antreibt und verderbte Methoden für Akkumulation und Investment hervorbringt und somit Betrug, Trickserei und Erpressung im Gewande des Rechts antreibt." (Qutb 1995, S. 124).

In vielen seiner Schriften stehen Sayyid Qutbs Konzeptionen der Hakimiyya (hākimiyya) und insbesondere der Dschahiliyya (ǧāhiliyya) im Mittelpunkt. Unter Hakimiyya versteht Qutb die Souveränität Gottes in einer vom Koran durchherrschten islamischen Gesellschaft, die er als ideale Ordnung der unter der Souveränität des Menschen stehenden Gesellschaft gegenüberstellt, die als heidnisch und barbarisch bezeichnet wird. Dieser unislamischen Ordnung richtet Qutb den Dschihad entgegen, um die Herrschaft des wahren Islam zu erringen. Für den Fall, dass der Staat mit Gewalt den Islam zu verhindern trachtet, rechtfertigt Qutb die Gegengewalt: die Gewalt der Gläubigen.

Die zweite und für Qutbs Denken wichtigste Konzeption der Dschahiliyya (ǧāhiliyya) bezeichnet einen Zustand der vorislamischen Unwissenheit und der Verblendung. Dann befindet sich die muslimische Welt wieder in einem heidnischen Zustand, dann stehen die Muslime erneut an einem Scheideweg wie zur Zeit des Propheten. Sie müssen dasselbe tun, was Mohammed seinerzeit veranlasst hat: die Bildung einer charismatischen Gruppe, den Auszug aus der heidnischen Umgebung (Hidschra), den Kampf (Dschihad), in dem sich die Gläubigen gegen die Gegner durchsetzten, und schließlich den Endzustand herbeiführen, der in der Wiedereinführung des Islam besteht.

Die Dschahiliyya (ǧāhiliyya) kennzeichnet mithin einen Zustand, der sich auf keine bestimmte Zeitperiode bezieht, sondern immer dann zu verzeichnen ist, wenn die Gesellschaft vom Weg des Islam abweicht und – wie die zeitgenössische Gesellschaft Qutbs – nur noch nominell als islamisch gelten kann. Einer solchen Gesellschaft, die die Gebote Gottes durch Gesetze nichtislamischen Ursprungs ersetzt, richtet Qutb die Souveränität Gottes entgegen. Die Existenz von Koran und Scharia bilden für ihn das Kriterium für den Unterschied zwischen Gerechtigkeit und Tyrannei. Während sich die Gerechtigkeit in einer Herrschaft entsprechend der Scharia manifestiere, verdränge die Tyrannei die mit der Scharia als verbunden angesehene Souveränität Gottes. Für ihn manifestiert sich derart die islamische Ordnung durch die Geltung der Scharia und die von Gott offenbarten Gebote. Erreichen lasse sich diese islamische Ordnung nur dadurch, dass alle Gesellschaften, die nicht der islamischen Ordnung entsprechen, bekämpft werden. Dies gelte deshalb auch für eine säkulare muslimische Gesellschaft, die die Scharia nur sporadisch umsetze und die absolute Souveränität Gottes nicht beachte.

Sayyid Qutb zielte darauf ab, immer wieder erneut die umfassende Grundidee des Seins zu erkennen, die Gott den Menschen offenbart habe. Der Islam umfasse die „wahre Beschaffenheit der Beziehung zwischen Schöpfer und Schöpfung" (Qutb 1954, S. 23).[2] Und wenn diese universale Konzeption nicht mehr existiere, dann habe sich die Dschahiliyya (ğāhiliyya) ausgebreitet und dann müsse eine revolutionäre Avantgarde die betreffende Gesellschaft umgestalten, dann müsse – diese Argumentation wird zunehmend dominant – die islamische Welt von jenen westlich-ideologischen Einflüssen befreit werden, die seit den Kreuzzügen, dem Kolonialismus und der strukturellen Abhängigkeit in der bestehenden Weltordnung westlicher Prägung bestünden. Es gelte, die geistig-moralische Wende in der Frontstellung zum Westen zu vollziehen und „den Geist der Kreuzzüge, der den Okzidentalen im Blut" liege und sich in ihr „Unterbewusstsein eingeschlichen" habe, zu bekämpfen (Qutb 1954, S. 238).

Um den großen Einfluss zu verstehen, den Qutbs Denken auf bedeutende Dschihadisten – vor allem auf Osama Bin Laden und die al-Qaida – hatte, seien kurz ein paar weitere Gedanken genannt: Sayyid Qutb verfocht eine „islamische Gesellschaft", die „nicht lediglich ein historisches Bild" sei, „nach dem in den Erinnerungen der Vergangenheit zu suchen ist", sondern „eine Forderung der Gegenwart und eine Hoffnung der Zukunft. Sie ist ein Ziel, zu dem die ganze Menschheit heute und morgen aufschauen kann, um sich damit aus dem Abgrund der Dschahiliyya (ğāhiliyya) zu erheben, in den sie gefallen ist" (Qutb 1995, S. 131f.). Qutb war und ist für viele der Prophet des Dschihadismus

---

[2] Die Aussagen Sayyid Qutbs werden zitiert nach der deutschen Übersetzung von Sabine Damir-Geilsdorf (2003).

sowie der Analytiker des zeitgenössischen „Feindbildes Westen" in der islamischen Zivilisation. Er ist darüber hinaus der Apologet des gewaltsamen Kampfes gegen den „weißen Mann", in dem er den „Feind der Menschheit" sieht. Qutb war Vorkämpfer der islamistischen Mission, die Welt von der Vorherrschaft des Westens durch eine Revolution zu befreien, die die westliche Welt durch eine islamische ersetzen müsse, und er war der revolutionäre Analytiker der antagonistischen Zweiteilung der Welt: „Jedes Land, das den Muslim in seiner Glaubenslehre bekämpft, ihn in seinem System hindert und die Gültigkeit seiner Scharia außer Kraft setzt, ist das ‚Dār al-harb' (Haus des Krieges) … Jedes Land, in dem seine Glaubenslehre existiert und seine Scharia Gültigkeit hat, ist das ‚Dār al-Islām' (Haus des Islam) …" (Qutb 1995, S. 159). – Dominant bleibt Qutbs Aufruf, die Welt von der Vorherrschaft des Westens durch eine „islamische Weltrevolution" zu befreien – durch „einen Krieg zwischen Iman/Glauben und Kufr/Unglauben". Daraus erklären sich auch die Worte Lawrence Wrights (2008, S. 42) – nach einem Interview mit Sayyids Bruder:

„Sayyid Qutb wurde am 29. August 1966 kurz nach dem Morgengebet gehängt. Die Regierung weigerte sich, seinen Leichnam der Familie auszuhändigen, weil sie fürchtete, dass das Grab zu einem Wallfahrtsort für seine Anhänger werden könnte. Die radikale islamistische Bedrohung schien nun ihr Ende gefunden zu haben. Doch Qutbs Anhänger saßen bereits in den Startlöchern."

4 Der islamische Staat der Muslimbruderschaft

Der Dschihadismus kann als ein Phänomen dargestellt werden, das sich in regional verschiedenen Formen manifestiert. Die Politisierung des sunnitischen Islam in Ägypten lässt zwar einen Mikrokosmos der islamischen Welt erkennen, ist aber insofern singulär, als sich hier eigene historische Rahmenbedingungen herausgebildet haben: Nachdem der Versuch, das 1924 von der türkischen Nationalversammlung abgeschaffte Kalifat wiederherzustellen, gescheitert war, begann die ägyptische politische Führungsschicht in den Jahren nach der Unabhängigkeit damit, die islamischen Normen den Erfordernissen des Nationalstaats anzupassen. Die sich damals herausbildenden dschihadistischen Bewegungen, die islamische Grundlagen für den ägyptischen Staat forderten, können als Vorläufer der Muslimbruderschaft angesehen werden, die im März 1928 entstand.

Diese Muslimbruderschaft war und ist die wichtigste Bewegung im ägyptischen – sowie im syrischen und jordanischen – politischen Islam. Ihr Gründer Hasan al-Bannâ und der bereits vorgestellte Ideologe des Dschihadismus Sayyid Qutb, der sich 1951 der Bewegung anschloss, aber unabhängig von ihr einen prägenden Einfluss auf bedeutende Terrorgruppen wie die al-Qaida ausübte, sind repräsentativ für die ägyptische Politisierung des Islam. Die Muslimbruderschaft, die bereits als religiöse Gesellschaft eine rasch wachsende Anhängerschaft erhielt, verdankte dies zunächst ihrer Verbreitung islamischer Moralvorstellungen und ihrer Unterstützung sozialer Einrichtungen. Erst in den 1930er Jahren nahm die Bewegung, die seitdem die Rückkehr zum „ursprünglichen Islam" verfolgte und den Dschihad gegen

Nicht-Muslime proklamierte, ihre politischen Konturen an. In den 1940er Jahren kam es zu den ersten Feindseligkeiten zwischen Mitgliedern der Bruderschaft und der ägyptischen Regierung. Diese Entwicklung erreichte ihren Höhepunkt, als 1948 Premierminister Mahmoud al-Nukrashi ermordet wurde und es im Februar 1949 zu einem tödlichen Anschlag auf Hasan al-Bannâ kam. Der Gründer der Muslimbruderschaft hatte ihre Grundüberzeugung in den programmatischen Worten zusammengefasst: „Allah ist unser Ziel. Der Prophet ist unser Führer. Der Koran ist unsere Verfassung. Der Dschihad ist unser Weg. Auf dem Weg Allahs zu sterben, ist unsere größte Hoffnung." Diese Worte bilden noch heute die Leitsätze der Bewegung.

Entsprechend ihrem politischen Islam und der von ihr angestrebten islamischen Ordnung, deren Bestandteil der islamische Staat sein sollte, wandte sich die Muslimbruderschaft gegen die säkulare ägyptische Politik. Diese bestimmte zunächst die politische Entwicklung bis zur Machtübernahme der „Freien Offiziere" vom Juli 1952, die die Hoffnungen der Bewegung auf politischen Einfluss nicht erfüllte und zu keiner Entschärfung der politischen Lage führte. Die Nasser-Zeit, in der die Spannungen zwischen den Muslimbrüdern und der Regierung sukzessive zunahmen, brachte gewalttätige Auseinandersetzungen und führte zum Verbot der Bruderschaft und daran anschließend zu zahlreichen Verhaftungen. Unter Sadats Präsidentschaft, die eine Re-Islamisierung der ägyptischen Gesellschaft proklamierte, wurden die von Nasser inhaftierten Mitglieder der Muslimbruderschaft freigelassen. Sadat versuchte, sie gegen linke Gruppierungen zu gewinnen, ermöglichte ihnen politische Bewegungsfreiheit und ließ 1966 ihr Zentralorgan ad-Daʿwa wieder zu. Während der von Sadat als bedrohlich eingeschätzten Khomeini-Revolution vom Februar 1979 endete allerdings rasch die Zweckallianz zwischen den Muslimbrüdern und Sadat. Dieser monopolisierte bis zu seiner

Ermordung durch Dschihadisten der Gruppe al-Dschihad im Oktober 1981 die Macht und sorgte dafür, dass keine rivalisierenden Machtzentren entstanden. Während der Regierungszeit Mubaraks beteiligte sich schließlich die Muslimbruderschaft an den Parlamentswahlen.

Nach diesem kurzen Blick auf die ägyptische Geschichte ist ein Zurück zur Ideologie der Muslimbruderschaft angezeigt. Die Bewegung entwickelte sich sehr rasch zu einer streng hierarchisch strukturierten Gruppierung. Es entstand eine Massenbewegung mit den Zügen einer politischen Partei, die vor allem in der sich herausbildenden ägyptischen Mittelschicht starke Resonanz fand. Hasan al Bannâ hatte betont, dass der von Gott offenbarte Islam als eine umfassende Lebensordnung anzustreben sei. Entsprechend verkündete die Muslimbruderschaft in ihrem Programm, den Islam wieder zu seiner alten Größe und zu einer neuen Vorherrschaft zu führen. Ähnlich anderen islamistisch-dschihadistischen Gruppierungen idealisierte sie die islamische Vergangenheit. Mit Blick auf den Stadtstaat des Propheten in Medina entstand der programmatische Begriff des „islamischen Staates", der für die erstrebte politische Ordnung der Muslimbrüder und für die von ihnen verfolgte Renaissance der authentischen islamischen Politik stand. Wie erwähnt, beließ es die Bewegung allerdings nicht bei der Ideologie und entsandte – da sie bei der Parlamentswahl 2000 nicht als Partei kandidieren durfte – unabhängige Kandidaten in die Volksvertretung.

In den Jahren seit 2010 vollzog sich schließlich ein Transformationsprozess innerhalb der Muslimbruderschaft: Die älteren Muslimbrüder erstrebten eine islamische Gesellschaft (inklusive der Scharia), während die jüngeren Mitglieder für eine Demokratie mit islamischen Elementen stimmten. Dies führte zu einem unterschiedlichen Engagement in den Massendemonstrationen auf dem Tahrir-Platz in Kairo vor und nach dem Rücktritt Mubaraks im Februar 2011. Schließlich konnte Mohammed Mursi, der Vorsitzende der „Partei für Freiheit und Gerechtigkeit", die ägyptischen Wahlen gewinnen. Er war vom 30. Juni 2012 bis zu seinem Sturz am 3. Juli 2013 Präsident Ägyptens. Es kam zum Verbot der Muslimbruderschaft 2013, zu ihrer Einstufung als Terrororganisation – und 2014 in Massenprozessen zur Verurteilung von über tausend Mitgliedern zum Tode.

Das Todesurteil gegen Mohammed Mursi und andere Muslimbrüder hat zu diplomatischen Auseinandersetzungen zwischen Kairo und der Türkei geführt. Der damalige Ministerpräsident Recep Tayyip Erdogan klagte die neuen Machthaber Ägyptens an, mit dem ehemaligen Präsidenten Mursi einen engen Verbündeten gestürzt zu haben. Nicht nur wegen der gemeinsamen islamischen Werte, sondern auch wegen der Ambitionen der Türkei, politischen Einfluss in der Region zu gewinnen, hatte die AKP-Regierung Mursi nachdrücklich unterstützt.

Unabhängig von dieser Stellungnahme sei erwähnt, dass die Muslimbruderschaft vor allem in Saudi-Arabien seit den 1930er Jahren einen nicht unbedeutenden Einfluss hatte. Unter den bekannten ägyptischen Muslimbrüdern, die an der König-Abdul-Aziz-Universität im saudischen Dschidda lehrten, zählte Sayyid Qutbs Bruder, der Philosoph und Schriftsteller Muhammad Qutb; er lehrte dort Islamisches Recht gemeinsam mit Abdullah Yusuf Azzam: beide spirituelle Mentoren Osama Bin Ladens.

5 Al-Qaida und der 11. September

„Ich habe keinen Zweifel daran, dass der ägyptische Terrorpilot Mohammed Atta beim Steuern der Todesmaschine auf das New Yorker World Trade Center die in New York entstandene Formel Qutbs: ‚Es ist ein Krieg zwischen Iman/Glauben und Kufr/Unglauben' im Kopf hatte" (Tibi 2002, S. 169).

Die Terroranschläge auf das World Trade Center mitten in Manhattan und auf das Pentagon in Washington stehen für eine tragische Wirklichkeit und für einen historischen Mythos. Die apokalyptischen Bilder von damals haben sich tief in das kollektive Gedächtnis der westlichen Welt eingebrannt. Die Anschläge trafen eine Nation, die sich auf heimischem Boden unangreifbar wähnte. Nun hatten al-Qaida-Terroristen vier Passagierjets gekapert, von denen zwei in die Twin Towers und einer in das Pentagon gesteuert wurden. Das vierte Flugzeug, das vermutlich das Kapitol oder das Weiße Haus zerstören sollte, konnte von Passagieren zum Absturz gebracht werden. In Manhattan stürzten der Südturm nach etwa neunzig Minuten und der Nordturm nach etwa zwei Stunden vollständig ein; sie begruben über 3000 Menschen unter sich. Außerdem starben alle Passagiere, zahlreiche Feuerwehrleute und viele Menschen im Pentagon. Der tiefe Schock der Amerikaner, den die Anschläge auslösten, lässt sich kaum in Worte fassen. Die Illusion von Sicherheit galt nicht mehr. Das World Trade Center in Trümmern, Teile des Pentagons in Flammen, das Weiße Haus evakuiert, die Flughäfen geschlossen. Die Szene übertraf jene Fiktion der ins Meer stürzenden Freiheitsstatue in Roland Emmerichs Film „Independence Day".

Man muss sich ein paar Fakten vergegenwärtigen, um diesen Schock zu verstehen: In strenger Einheit von Glauben und Politik hatte sich in den Vereinigten Staaten ein christliches Gemeinwesen herausgebildet – verbunden mit dem stolzen Bewusstsein der Amerikaner, dass ihr Land „God's Own Country" sei. Hinzu kam, dass nach dem Ende des Ost-West-Konflikts und dem Zerfall der Sowjetunion im Jahre 1991 die Vereinigten Staaten zur alleinigen Supermacht avancierten. George Bush senior sprach damals von einer neuen Weltordnung und meinte damit in Anlehnung an die These vom „Ende der Geschichte" von Francis Fukuyama (1992) den globalen Sieg der liberalen Demokratie und der freien Marktwirtschaft unter politischer und ökonomischer Führung der Vereinigten Staaten. „Wir hatten an etwas geglaubt", so beschreibt Norman Mailer (2003, S. 19) die Situation nach den Anschlägen: „Das Schiff der Vereinigten Staaten war unangreifbar und folgte einem großartigen Kurs. Wir steuerten einer strahlenden Zukunft entgegen. Plötzlich dieser Gewissheit beraubt zu sein, war nicht anders, als wäre man selber der Verräter am großen Ganzen. Also scharten wir uns um George W. Bush." Sicherlich, die Vereinigten Staaten bildeten schon immer das Ziel nahöstlichen Terrors. Doch noch nie wurden sie so zentral getroffen wie am 11. September. Bomben im Libanon, Anschläge auf die amerikanischen Botschaften in Kenia und Tansania, Entführungen, selbst der Autobombenanschlag von 1993 auf das World Trade Center: das war ein Terror, der die Vereinigten Staaten traf, den sie aber auch irgendwie überwanden. Dieses Mal zeigte sich die Verwundbarkeit der Supermacht durch einen konzentrierten Angriff, der erstmals seit 1812 ein Angriff auf die Amerikaner in Amerika war, direkt auf Ziele mit einer hohen Symbolkraft – durch einen Angriff, der einem Krieg gleichkam, den die Vereinigten Staaten auf ihrem Boden nie hatten erleben müssen, obwohl sie sich bei ihrem hartnäckigen Unterfangen, ihren American Way of Life auf weltweitem Terrain zu implantieren, nicht wenige Feinde gemacht haben. In einem Land, das zu den religiösesten und kirchgangsfreudigsten Nationen der Welt zählt, hatte sich nun für die Bush-Administration jenes Böse manifestiert, das nach Norman Mailer (2003, S. 29) darin besteht, „ziemlich genau zu wissen, welch irreparablen Schaden man anrichten wird, und es trotzdem zu tun". Die Inkarnation dieses schlechthin Bösen waren für George W. Bush die al-Qaida-Organisation und der saudische Terrorist Osama Bin Laden, der nun der westlichen, vorrangig der amerikanischen Welt den Krieg erklärt hatte. Dem „War on America" (George W. Bush) musste dem amerikanischen Präsidenten zufolge der „Krieg gegen den Terror" folgen, dessen Konzeption sich in Umrissen erkennen ließ: In einer langandauernden Aktion mit verschiedenen militärischen Operationen ging es darum, diesen Krieg zu führen. „Dieser Kreuzzug", so die problematische Wortwahl, „dieser Krieg gegen den Terror, wird Zeit in Anspruch nehmen." Demgegenüber erklärte Bin Laden mit den Worten Sayyid Qutbs: „Dieser Krieg ist ein Krieg zwischen Iman/Glaube und Kufr/Unglauben."

Das letzte Zitat ist aufschlussreich: Die Anschläge vom 11. September waren ein Glaubensakt, und Osama Bin Laden wollte sie, wie er in seiner von Al-Dschasira ausgestrahlten Video-Ansprache am 7. Oktober 2001, am Tag der ersten US-Luftangriffe auf Stellungen der Taliban, vermerkte, als einen Krieg zwischen dem Islam und dem Westen gewertet wissen. Dem so orientierten Terrorismus entsprach eine offensive Strategie im Rahmen eines asymmetrischen Kriegs. Er wurde als ein Dschihad-Krieg mit Dschihad-Kämpfern geführt, die sich als Glaubenskrieger verstanden. Die Legitimität dieser kriegerischen Gewalt war mit dem Ziel verbunden, die Welt von der Vorherrschaft des Westens durch eine „islamische Weltrevolution" zu befreien. In seiner Video-Ansprache wies Bin Laden darauf hin, wer sich auf dem Pfad Gottes befinde, dem gehöre der Sieg auf Erden und das Paradies im Himmel.

Interessant ist in diesem Zusammenhang die „Geistliche Anleitung" der Attentäter des 11. September, interessant gleichermaßen sind Details der erwähnten Video-Ansprache Bin Ladens: Amerikas „herrlichste Gebäude wurden zerstört, und dafür danken wir Gott. Da habt ihr Amerika, von Nord bis Süd, von West bis Ost mit Furcht erfüllt. Gott sei Dank dafür." Dann folgte der Aufruf: „Diese Ereignisse haben die Welt gespalten. Auf der einen Seite stehen die Gläubigen, auf der anderen die Ungläubigen. Möge Gott euch von den Ungläubigen fernhalten. Alle Muslime müssen herbeieilen, um ihrer Religion zum Sieg zu verhelfen. Der Sturm des Glaubens hat sich erhoben" (Wright 2008, S. 462).

6 Osama Bin Laden und die Dschihad-Ideologie

Das einst global operierende Terrornetzwerk al-Qaida, das mit zahlreichen weltpolitischen Ereignissen im Kontext stand, lässt sich kaum gebührend verstehen, ohne auf den Gründer und Anführer der Operationsbasis einzugehen. Osama Bin Laden (mit vollem Namen: Usama ibn Muhammad ibn Awad ibn Ladin) wurde zwischen März 1957 und Februar 1958 in Riad geboren. Er stammte aus einer wohlhabenden saudischen Unternehmerfamilie und studierte ab 1976 Betriebswirtschaft und Bauingenieurwesen an der König-Abdul-Aziz-Universität in Dschidda, wo er – vermittelt durch Anhänger der Muslimbruderschaft – mit den Schriften des ägyptischen Denkers Sayyid Qutb bekannt wurde. Ab 1979 wandte sich Bin Laden dem Kampf mit Waffengewalt zur Durchsetzung ideologisch-religiöser Ziele zu. Er unterstützte vor allem die „arabischen Afghanen" der Mudschaheddin während der sowjetischen Besetzung Afghanistans. In Pakistan, in Peschawar und Islamabad, lernte er den palästinensischen Ideologen Abdallah Yusuf Azzam kennen, der den afghanischen Dschihadismus der 1980er Jahre von einem Regionalkonflikt zu einem globalen Konflikt ausweitete und zum ersten Theoretiker des weltweiten Dschihad wurde.

Im Mai 1988 begannen die Sowjets ihren Abzug aus Afghanistan. Am 11. August des Jahres beschloss eine kleine Gruppe in Peschawar, eine neue Organisation unter dem Namen al-Qaida („die Basis") zu gründen. Zu dieser Gruppe zählten Abdallah Yusuf Azzam, inzwischen Mentor von Bin Laden, und der ägyptische Kinderarzt Aiman al-Zawahiri, der auf Bin Laden einen großen Einfluss gewonnen hatte und zukünftig sein Stellvertreter werden sollte. Uneinigkeit herrschte in der Gruppe ob der Frage, wo genau der Dschihad fortgesetzt werden sollte. Umar Abd al-Rahman, ein blinder ägyptischer Dschihadist, der vor seiner lebenslangen Haftstrafe in den USA der Anführer der ägyptischen Gruppe al-Dschamaa al-islamyya war, plädierte wie Aiman al-Zawahiri dafür, zunächst säkulare Regime in Ländern wie Ägypten zu stürzen. Erst allmählich setzte sich die Einsicht durch, die Aktivitäten zu internationalisieren. So verlagerte sich der Schwerpunkt der al-Qaida-Organisation auf jene Zielsetzung, die al-Zawahiri in seinem Buch „Knights Under the Prophet`s Banner" (al-Zawahiri 2001) nannte. Hier wurde die antiamerikanische und globale Strategie hervorgehoben, die vom revolutionären Denken Sayyid Qutbs beeinflusste Überzeugung, dass der Islam die ihm gebührende Rolle in der Welt so lange nicht übernehmen könne, solange in dieser Welt eine Verschwörung gegen den Islam bestehe, die von den USA und den europäischen Ländern, aber auch von Israel ausgehe. „Der Kampf für die Errichtung eines islamischen Staates", so al-Zawahiri, „kann nicht als regionaler Kampf geführt werden: Es wird … deutlich, dass die Allianz der Juden und Kreuzzügler, angeführt von den Vereinigten Staaten, es keiner islamischen Kraft erlauben wird, die Macht in irgendeinem muslimischen Land zu übernehmen. Sie werden alle ihre Ressourcen mobilisieren, um die Dschihad-Bewegung zu zerschlagen und von der Macht zu verdrängen" (dt. Übers.: Steinberg 2005, S. 61). Damit entschied sich die al-Qaida für den Krieg bzw. den Dschihad gegen den Westen.

Osama Bin Ladens zunehmender Bekanntheitsgrad führte dazu, dass sich immer mehr potentielle Kämpfer aus den verschiedensten islamischen Ländern in al-Qaidas Ausbildungslager südlich Khartums im Sudan sammelten. Von dort aus unterstützte Bin Laden die Islamische Heilsfront im Guerillakrieg gegen das Militär in Algerien. Und während die meisten westlichen Geheimdienste noch nicht auf die al-Qaida aufmerksam geworden waren, forderten Staaten wie Algerien und Ägypten die Führung Saudi-Arabiens auf, Bin Laden, ihren Staatsbürger, zu mäßigen. Als dies nicht weiterhalf und Bin Laden zudem vom Regime in Riad den vollständigen Abzug der amerikanischen Truppen verlangte, kam es im August 1995 zum Bruch mit der Regierung seines Herkunftslandes. „Diesen schmutzigen und ungläubigen Kreuzzüglern", so bin Laden über die Stationierung amerikanischer Truppen in Saudi-Arabien, dürfe „nicht erlaubt werden, im heiligen Land zu bleiben".

Bin Laden kehrte 1996 nach Afghanistan zurück und errichtete dort zahlreiche militärische Ausbildungslager. Mit Aiman al-Zawahiri und weiteren Personen unterzeichnete er schließlich im Februar 1998 eine Fatwa zur Errichtung einer Internationalen Front für den Dschihad gegen Juden und Kreuzzügler. Eine Kurzfassung der Fatwa lautet: „Zur Pflicht eines jeden Muslims soll es werden, die Amerikaner und all ihre Verbündeten zu töten, ob Zivilisten oder Militärs. Jeder ... soll die heiligen Stätten von Ungläubigen befreien und sie aller islamischer Länder verweisen. Die Ungläubigen müssen niedergezwungen werden, um die Bedrohung von uns Muslimen abzuwenden. ... Im Namen Allahs rufen wir jeden gottgläubigen und gottgefälligen Muslim dazu auf, dem Befehl Allahs zu folgen und die Amerikaner zu töten. Man nehme deren Vermögen, wo und wann immer es sich anbietet. ... Wer der Pflicht nicht nachkommt, den wird Allahs bittere Rache ereilen." Ziel der al-Qaida sei „die Vertreibung amerikanischer Truppen aus der Golfregion, der Sturz des saudischen Königshauses und damit die erwähnte Befreiung der heiligen Stätten der Muslime und die weltweite Unterstützung dschihadistischer Gruppen". Als Einleitung diente der Fatwa der „Schwertvers" aus dem Koran (Sure At-Tauba 5): „Sind die heiligen Monate abgelaufen, dann tötet die Beigeseller (die Ungläubigen), wo immer ihr sie findet, ergreift sie, belagert sie, und lauert ihnen auf aus jedem Hinterhalt".[3]

Unmittelbar vor dem Terroranschlag am 11. September, so Bin Laden, habe er – gemeinsam mit al-Zawahiri und dem saudischen Kleriker Khaled bin Ouda bin Mohammed al-Harbi – Berechnungen angestellt: „Wir saßen da und schätzten die Verluste des Feindes. Wir rechneten die Passagiere der Flugzeuge ein, diese würden sicher sterben. Was die Türme anbelangte, so nahmen wir an, dass die Leute in den drei oder vier Stockwerken sterben würden, die von den Flugzeugen getroffen würden. Mehr hatten wir nicht erhofft. Ich war am optimistischsten. Aufgrund des Berufs, den ich erlernt und ausgeübt habe, stellte ich mir vor, dass der Treibstoff im Flugzeug die Temperatur des Stahls soweit erhöhen würde, dass er glühen und beinahe seine Eigenschaften einbüßen würde. ... Mehr konnten wir nicht erhoffen" (Wright 2008, S. 462).

***

Am frühen Morgen des 2. Mai 2011 pakistanischer Zeit wurde nach Angaben der US-Regierung Bin Laden von Spezialeinheiten der Navy Seals im zweiten Stock seines Anwesens in Abbottabad erschossen. ... Seine Identität stellte man mit einer DNA-Analyse fest; sein Leichnam wurde noch am 2. Mai 2011 an geheimer Stelle von Bord eines Flugzeugträgers im Arabischen Meer bestattet.

---

[3] Die Sure wurde nach der deutschen Übersetzung von Hartmut Bobzin (Der Koran) zitiert.

7 Der Irak-Krieg und die Entstehung des IS

Am 20. März 2003 begannen im „Krieg gegen den Terror" die Vereinigten Staaten und Großbritannien mit einer „Koalition der Willigen" – ohne völkerrechtliches Mandat und ohne wahren Grund – einen Krieg gegen den Irak. Dieser zweite Irak-Krieg unterschied sich in seinen Zielen und Folgen erheblich von der sogenannten „Operation Wüstensturm", dem Golfkrieg vom 17. Januar 1991. Damals hatte Präsident George Bush sen. mit einer breiten internationalen Koalition zur Befreiung Kuwaits – mit völkerrechtlicher Legitimation – Iraks Diktator Saddam Hussein das Ultimatum gestellt, seine 300.000 Soldaten aus Kuwait abzuziehen. Saddam Hussein kam dem nicht nach, was zur Bombardierung Bagdads und zum ersten Irak-Krieg führte. Am Ende des Krieges verzichtete Bush sen. auf den Sturz Saddam Husseins – um ein gefährliches Machtvakuum in der Region zu vermeiden.

Ganz anders gestaltete sich die Intention des Sohnes George W. Bush, der alles daran setzte, die „Mission zu vollenden" – einschließlich Saddam Husseins Sturz, mit dem die USA ein laizistisches Regime zerschlugen, das diktatorisch die religiösen Kollektive im Irak zusammenhielt. Davor wurde Saddam Hussein unterstellt, über Massenvernichtungswaffen zu verfügen und mit Terrorgruppen zusammenzuarbeiten. Und noch zwei Tage vor Beginn seiner Bombardierung Bagdads behauptete Präsident Bush jun., Geheimdienstinformationen der amerikanischen Administration und anderer Regierungen ließen keinen Zweifel daran, dass das irakische Regime „einige der tödlichsten Waffen besitzt, die jemals entworfen wurden".

Der zweite Irak-Krieg, der zudem gegen eine angeblich akute Angriffsabsicht Saddam Husseins geführt wurde, gründete auf einer Bedrohungslüge, um die völkerrechtlichen Prinzipien außer Kraft zu setzen, und zeugte von der neuen Sicherheitsstrategie der amerikanischen Außenpolitik, die von nun an auf der Präventivkriegsdoktrin beruhte. Diese neue Bush-Doktrin, die der Präsident erstmals im Juni 2002 in der Militärakademie West Point vorgestellt hatte, legte die Vorverlagerung der militärischen Verteidigung bei drohenden Angriffen, die sogenannte Präventivverteidigung, als strategische Option fest. Damit erweiterte sie deutlich den Anwendungsbereich der Selbstverteidigung, die die UN-Charta ausschließlich auf den Fall „eines bewaffneten Angriffs" beschränkt.

Der Krieg nach der Intervention, den es seit dem von Bush am 1. Mai 2003 verkündeten Sieg gar nicht mehr hätte geben sollen, forderte als Bürgerkrieg zwischen schiitischen und sunnitischen Terrorgruppen bedeutend mehr Opfer als der „Widerstand" gegen die Besatzung und die irakischen Sicherheitskräfte. Der Terror, auch bei der Wahl am 30. Januar 2005, dauerte unvermindert an. Es war eine Illusion, wie Präsident Bush zu glauben, nach dem Urnengang werde im Irak die Demokratie „Wurzeln schlagen" – eine Demokratie inmitten des Staatszerfalls und der religiösen Konflikte. Es sollte sich zudem als eine gravierende Fehlentscheidung seitens des amerikanischen Verteidigungsministeriums erweisen, die irakische Armee Saddam Husseins aufzulösen und die Baath-Partei als „kriminelle Vereinigung" zu verbieten.

In der irakischen Bürgerkriegssituation bildete sich die Gruppe des jordanischen Dschihadisten Abu Musab al-Zarqawi (1966-2006) heraus. Von ihm, der den Namen seiner Heimatstadt Zarqa angenommen hatte, gingen über Jahre die heftigsten Terroranschläge aus. Die von ihm geführte Gruppe unternahm eine intensive Internet-Kampagne, in der, vereint mit Texten aus Koran und Sunna, die Aufgabe hervorgehoben wurde, den Dschihad gegen die Schiiten und die Feinde des Islam zu führen. Diese Dschihadistengruppe, die sich seit Oktober 2004 al-Qaida im Irak nannte, war für ihre brutalen Taten und Anschläge bekannt, und al-Zarqawi selbst verkörperte jenen Terroristen, der in extremer Weise seine Schreckenstaten ausführte. Für ihn bedeutete der Dschihad eine absolute Notwendigkeit, die Blut fordert. Die von al-Zarqawi betriebenen regelmäßigen Terrorakte waren für ihn durch das islamische Recht der Scharia gerechtfertigt. Die Enthauptungen von Geiseln – die Propaganda des Mordens – waren das grausame „Markenzeichen" des radikalen Vorkämpfers des entstehenden „Islamischen Staats"

Im Oktober 2004 leistete al-Zarqawi gegenüber Osama Bin Laden seinen Gefolgschaftsschwur, den er ob der teils unterschiedlichen Ziele der beiden Terroristen lange Zeit vermieden hatte. Ein bedeutsamer Dissens betraf die von al-Zarqawi begonnene Bürgerkriegsstrategie; sie zielte darauf ab, über den aktuellen Sunna-Schia-Konflikt im Irak hinaus schiitische Positionen vermehrt anzugreifen, um dann die Führung der irakischen Sunniten in der Gegenoffensive zu übernehmen. Zehntausende irakische Schiiten wurden hierbei ermordet. Damit verbunden waren zahlreiche Anschläge auf schiitische Heiligtümer und Moscheen, vor allem auf die Imam-Ali-Moschee in Nadschaf. Gemeinsam mit dem schiitischen Geistlichen Ayatollah al-Sistani verurteilte die al-Qaida-Führung den antischiitischen Terrorismus. Im Gegensatz hierzu sprach sich Abu Umar al-Baghdadi, der Nachfolger al-Zarqawis und ISI-Gründer, dafür aus, den Dschihad gegen die irakischen Schiiten entschieden weiterzuführen.

Der Akt der Feindschaft al-Zarqawis gegen die Schiiten war stark von dem sunnitischen Gelehrten Taqi ad-Din Ahmad ibn-Taimiya (1263-1328) beeinflusst. Er hatte im frühen 14. Jahrhundert zum Dschihad gegen die in Damaskus eingefallenen „muslimischen Mongolen" aufgerufen. Einer Fatwa Ibn-Taimiyas entsprechend, war es den syrischen Soldaten erlaubt, das Fasten für die Mongolen-Schlacht im Monat Ramadan zu brechen – analog zu Mohammeds Schlacht der Befreiung Mekkas. Seit der Invasion der Mongolen unterschied Ibn-Taimiya zwischen den „echten" und jenen „falschen" Muslimen, zu denen er die Mongolen und al-Zarqawi nun auch die Schiiten zählte. Nicht von ungefähr: Schon im 14. Jahrhundert hatte der streitbare sunnitische Gelehrte Ibn-Taimiya die Schiiten und Alawiten als gefährlicher als Christen und Juden bezeichnet. Auch wundert es nicht, dass der „Vordenker" al-Zarqawis mit seiner Ablehnung gegenüber der Schia auch die Ächtung der Gräber- und Heiligenverehrung verband.

8 Der Islamische Staat, die al-Nusra-Front und al-Qaida

Der IS und die al-Nusra-Front

Syrien, das sich mit dem Nachbarland Irak eine Grenze von über 600 km teilt, ist angesichts des Expansionsstrebens des „Islamischen Staats" von besonderer Bedeutung. Hier brach im März 2011 im Rahmen des Arabischen Frühlings jener Aufstand gegen das Regime Baschar al-Assads aus, dessen gewaltsame Reaktion sehr rasch zum Bürgerkrieg führte. Wenig später, im Jahr 2012, formierte sich der Kampfverband der al-Nusra-Front, die sich vor allem gegen das Machtsystem Assads wendet. Von besonderem Interesse ist hier das Verhältnis zwischen der al-Nusra-Organisation und dem „Islamischen Staat im Irak" (ISI), wie sich al-Baghdadis Terrororganisation bis zum April 2013 nannte – bis zum Ende jenes schleichenden Prozesses der Eroberung, der bald brutaler wurde und zur Einnahme von Raqqa, der vom IS beanspruchten Hauptstadt, führte.

Das Verhältnis zwischen den beiden dschihadistischen Organisationen verschlechterte sich dadurch, dass sich der Führer der al-Nusra-Front, der Syrer Abu Muhammad al-Dschaulani, dem ISI-Einfluss zunehmend entzog. Die Differenzen spitzten sich zu, als Abu Bakr al-Baghdadi erklärte, die al-Nusra-Front sei ein fester Bestandteil des ISI. Al-Jaulani leistete daraufhin gegenüber al-Zawahiri den Gefolgsschwur. Die al-Nusra-Front gilt seitdem als der offizielle Ableger der al-Qaida.

Al-Baghdadi setzte sich damals mit seinem Plan durch, die IS-Operationen nicht auf den Irak zu beschränken, sondern sie auf

Syrien und möglichst in naher Zukunft auf weitere Staaten des östlichen Mittelmeeres auszudehnen – entsprechend der im April 2013 unternommenen programmatischen Namensänderung der Terrororganisation: „Islamischer Staat im Irak und in Syrien (ISIS bzw. ISL/ L= Levante = Groß-Syrien)". Die Differenzen zwischen der al-Nusra-Front und dem ISIS setzten sich fort und arteten Ende 2013/Anfang 2014 immer offener zu Kämpfen aus. Am 11. Mai 2014 veröffentlichte der ISIS zum zweiten Mal eine Ansprache Abu Mohammad al-Adnanis, die sich scharf gegen al-Dschaulani und die al-Qaida wandte und damit den Führungsanspruch der al-Qaida auf den globalen Dschihad strikt zurückwies. Al-Adnani ist der Sprecher und Propaganda-Chef des IS und vermutlich auch der Leiter der Abteilung „Externe Operationen".

Der IS und al-Qaida

Der Kampf zwischen dem ISIS bzw. IS und der al-Nusra-Front war und ist ein Machtkampf zwischen dem „Islamischen Staat" und der al-Qaida – ein Kampf um Vorherrschaft, an dem al-Qaida teils nur defensiv teilnahm. Die einst gewichtige Kern-al-Qaida, die entgegen dem IS vorrangig Ziele in Europa und – wie dies Bin Laden auch in seinem 2015 freigegebenen Testament forderte – in den USA verfolgte, hat an Bedeutung verloren und mit ihr al-Qaida-Führer Aiman al-Zawahiri, der im September 2014 einen bisher kaum präsenten indischen al-Qaida-Ableger gründete. Er versuchte damit, den Machtverlust des Netzwerks einzudämmen – einen Machtverlust, der nicht zuletzt durch den Drohnen-Tod des Kommandeurs der syrischen Khorasan-Gruppe der al-Qaida, Muhsin al-Fadhi, und vor allem durch den des Anführer der jemenitischen Gruppe der al-Qaida auf der Arabischen Halbinsel (AQAP), Nasser al-Wuhayshi, recht intensiv geworden war.

Damit stellt sich die Frage, was aus einer al-Qaida geworden ist, die lange Zeit erhebliche Schrecken verbreitet hat – vor allem durch ihre Terroranschläge vom 11. September. Diesen Anschlägen waren – in antiamerikanischer Zielrichtung – die Bombenanschläge auf das World Trade Center (1993) ebenso vorausgegangen wie die Anschläge auf die amerikanischen Botschaften in Nairobi und Daressalam (1998) und der Anschlag auf die „USS Cole" im Hafen von Aden (2000). In dieser Zeitspanne hatte sich die al-Qaida zu einem dschihadistischen Terrornetzwerk entwickelt – mit Osama Bin Laden als Anführer, der weltpolitisch qua Islamisierung darauf zielte, das bisherige Dār al-Harb (Haus des Krieges) als Dār al-Islām (Haus des Islam), im Verständnis von Dār al-Salām (Haus des Friedens), zu planen und zu errichten.

Bald nach den Anschlägen kam der Wandel: Durch den Waffengang der USA und ihrer Koalition ab 2001 und die weltweiten Kampfmaßnahmen gegen al-Qaida ab 2002 verlor al-Qaida ihre organisatorische Struktur. War al-Qaida bei den lange vorbereiteten September-Anschlägen noch eine planmäßig strukturierte Organisation, so begann sie sich nach dem Krieg in Afghanistan und der Zerstörung ihrer dortigen Trainingslager aufzuspalten und zu regionalisieren. Aus der von Osama Bin Laden und Aiman al-Zawahiri gelenkten Kern-al-Qaida bildeten sich lokale Gruppen in zahlreichen Ländern heraus: namentlich die al-Qaida im Islamischen Maghreb (AQIM) und die al-Qaida auf der Arabischen Halbinsel (AQAP) sowie die Miliz „al-Shabaab" in Somalia. Ihnen gemeinsam waren und sind weiterhin die Dschihad-Ideologie und die Märtyrer-Waffe des Selbstmordattentats. Es entstand der al-Qaidaismus.

In dieser Zeit war es um die al-Qaida-Organisation zunächst ruhig geworden, während der „Islamische Staat" die Schlagzeilen dominierte. Der Grund hierfür war vor allem die Situation, dass der IS in weiten Teilen Syriens und des Irak die Macht übernommen hatte. Der zuvor von al-Zawahiri zurückgewiesene Anspruch des IS, die dominante dschihadistische Bewegung zu sein, wurde durch die von al-Baghdadi geschaffenen Fakten unterstrichen und durch den mangelnden Einfluss der al-Qaida erleichtert.

Hinzu kamen weitere Ursachen: Die einst größte Dschihadistenorganisation verfügte nicht mehr über die Geldmittel Bin Ladens und den privilegierten Zugang zu den Financiers in den Golfstaaten. Al-Qaida mangelte es zudem sowohl an Prestige als auch an Anziehungskraft für junge Dschihadisten, während der „Islamische Staat" durch seine Sogwirkung auf Millionen orientierungs- und arbeitsloser junger Menschen vor allem in der islamischen Welt ständig an Zulauf gewann. Hinzu kam, dass Terrorgruppen in anderen Ländern sich dem IS anschlossen und ihm die Treue schworen, wodurch al-Qaida weitgehend ihre einstige ideologische Führungsrolle unter muslimischen Extremisten verloren hat. Und schließlich ist bedeutsam, dass al-Baghdadi als Kalif die weltweite Führung der Muslime beansprucht.

Vom Ziel her setzt Aiman al-Zawahiri allerdings seit kurzem hier an. In Übereinstimmung mit der al-Nusra-Front, dem Ableger der al-Qaida in Syrien, soll al-Qaida damit begonnen haben, hoch einflussreiche Dschihadisten in den Norden des Bürgerkriegslandes zu schicken und einen neuen Stützpunkt zu errichten. Damit soll sich das ideologische Ziel verbinden, im nordöstlichen Idlib mit der al-Nusra-Front ein eigenes Emirat auszurufen. Vor allem al-Qaida könnte damit gegenüber dem IS wieder an Attraktivität gewinnen. Auch hat die al-Nusra-Front ihrer über Syrien hinausgehenden Agenda nie abgeschworen.

9 Abu Bakr al-Baghdadi und das Kalifat

Das IS-Kalifat wurde sehr lange akribisch geplant. Abu Bakr al-Baghdadi, der Anführer der Terrororganisation, hat es am 29. Juni 2014, dem ersten Fastentag im Monat Ramadan, ausgerufen. Zuvor erfolgte der Sturm auf Mossul, auf die zweitgrößte Stadt im Irak mit zwei Millionen Einwohnern. Es war eine umfängliche Operation, die innerhalb von nur vier Tagen zum Ziel führte. Und das vor allem deshalb, weil Ministerpräsident Nuri al-Maliki eine Unterstützung durch die kurdischen Peschmerga ablehnte und in die irakische Armee keine ehemaligen Offiziere Saddam Husseins, sondern nur ihm nahestehende Militärs einberief.

Mit dem Kalifat verbindet sich seitdem der Name „Islamischer Staat" (IS). Al-Baghdadi nennt sich von nun an „Kalif Ibrahim – Führer der Gläubigen". Beim Freitagsgebet am 4. Juli 2014 soll er ähnlich dem Propheten gemessenen Schrittes die Predigerkanzel in der Nur-al-Din-Zenki-Moschee in Mossul hochgestiegen sein und die Rückkehr zur Größe des Islam verkündet haben. Al-Baghdadi, der sich als legitimer Nachfolger Mohammeds versteht, stellte hierbei die Tradition des Kalifats der ersten vier (der sogenannten „rechtgeleiteten") Kalifen heraus.

Dieses Zurück insbesondere zu den ersten drei Kalifen entspricht der Ideologie der Dschihadisten, die im Kalifen noch immer den Stellvertreter Mohammeds, des Propheten, sehen. Abu Bakr al-Baghdadi erkennt im Ur-Islam die Leitbilder für alle Zeiten gesetzt. Für ihn sind die Ereignisse in Mekka und Medina während der Führung des Propheten keine unwiederholbaren Vorbilder, sondern ein politisches Programm für die Gegenwart.

Damals bildete sich aus der Gemeinde von Medina ein islamischer Staat heraus, in dem Religion und Politik im Einklang standen. Und bereits 630 n.Chr. erstreckte sich das islamische Gebiet über den größten Teil der Arabischen Halbinsel. Zwei Jahre darauf, nach dem Tod des Propheten, wurde das Kalifat zur Ordnungsvorstellung des Islam.

In der Periode der Kalifen gründete deren Autorität auf der uneingeschränkten Souveränität Gottes. Der Kalif war nicht nur Leiter der Umma, sondern auch Stellvertreter des Propheten. In dessen Namen kam es zu einer weitreichenden Expansion. Diese setzte vor allem mit dem zweiten Kalifen ein, dem es gelang, den islamischen Einfluss auf Syrien, Mesopotamien, Ägypten und auf Teile des Iran auszudehnen. Der dritte Kalif führte diese Expansionen fort. So wurden Tripolitanien (heute Libyen) und weitere Teile des Iran erobert und eine erste Expansion nach Anatolien durchgeführt. Hierbei diente der Dschihad dem islamischen Welteroberungsprojekt, das heute zweifellos al-Baghdadi in seinem Anspruch auf eine universale Herrschaft nachhaltig inspiriert.

Mit dem Kalifat ist das wichtigste Ziel eines Dschihadisten erreicht, der am 1.7.1971 im irakischen Samarra als Ibrahim Awad Ibrahim Ali al-Badri geboren wurde und die Universität für Islamisches Recht in Bagdad besuchte, um dort Koranwissenschaft zu studieren – abgeschlossen mit der Dissertation „Die einzigartigen Perlen bei der Erläuterung des Schatibi-Gedichts". Nach der amerikanischen Irak-Invasion schloss sich al-Baghdadi dem Aufstand an, geriet dadurch 2004 für zehn Monate in das US-Gefangenenlager Bucca, in dem – ein verhängnisvoller Fehler – Offiziere Saddam Husseins gemeinsam mit Dschihadisten interniert waren. In Bucca verbrachte al-Baghdadi eine für ihn entscheidende Zeit, in der er viele seiner heute engsten Kampfgefährten kennenlernte. Er wurde im Dezember 2004 freigelassen und übernahm im Mai 2010 die Führung des „Islamischen Staats".

Der „Islamische Staat" – dies kurz zu seiner Struktur – kennt je einen Stellvertreter des Kalifen in Syrien und im Irak, insgesamt zwölf Gouverneure in den Machtgebieten und neun Räte:

Schura-Rat: Er besteht aus neun Männern, die im islamischen Recht bewandert sind. Sie beraten den Führungsrat in allen wichtigen militärischen und religiösen Fragen.
Führungsrat: Das Gremium trifft alle wichtigen Entscheidungen im IS. Die Beschlüsse des Rats müssen von Abu Bakr al-Baghdadi genehmigt werden. Theoretisch können die Ratsmitglieder den Kalifen absetzen.
Rechtsrat: Er regelt allgemeine Streitigkeiten und Verletzungen des islamischen Rechts. Das Gremium entscheidet auch über Geiseln.
Sicherheitsrat: Er koordiniert die Kontrolle über eroberte Gebiete und die Errichtung von Checkpoints.
Hilfsrat für Kämpfer: Er organisiert die Schleusung ausländischer Kämpfer und unterstützt diese Dschihadisten.
Militärrat: Er koordiniert die Militäraktionen und die Sicherung des eroberten Territoriums. Die Mehrheit im Militärrat bilden ehemalige Offiziere und Geheimdienstler von Saddam Hussein.
Geheimdienstrat: Das Gremium sammelt Informationen über innere und äußere Gegner.
Medienrat: Er ediert die offiziellen Mitteilungen des IS und koordiniert die Propagandakampagnen.
Finanzrat: Das Gremium koordiniert den Haushalt.

Abu Bakr al-Baghdadi wurde nachdrücklich von Abu Bakr Naji (Mohammed Hassan Khalil al-Hakim) beeinflusst – einem ägyptischen Dschihadisten (1961-2008), der 2004 das strategische Manifest „The Management of Savagery" verfasst hat. Die hier niedergeschriebenen Grundsätze nehmen das Handeln des IS vorweg. Da wird empfohlen, die Dschihadisten müssten zunächst in einer Phase der Grausamkeit Chaos hervorrufen, um danach als neue Ordnungsmacht aufzutreten. Zonen der Gesetzlosigkeit seien zu schaffen. Barbarei, Willkür und das Massaker werden angeraten. Und immer wieder schockierende Gewalt: Enthauptungen und das Verbrennen bei lebendigem Leib – analog dem, was im Januar 2015 in einem Video dokumentiert wurde. Hier war zu sehen, wie Terroristen die jordanische Geisel Mu'adh al-Kasasba bei vollem Bewusstsein in einem Eisenkäfig verbrannten. Der Kampfpilot war im Dezember 2014 nach dem Absturz seines Flugzeugs in Syrien in IS-Gefangenschaft geraten.

Ein ähnlicher Inhalt wie „The Management of Savagery" kennzeichnet ein monatlich in englischer Sprache erscheinendes Online-Magazin des IS, dessen Titel „Dabiq" nach einem syrischen Dorf benannt ist, in dem nach den Hadith-Überlieferungen die schicksalhafte Schlacht zwischen der Armee des Erlösers und den „Soldaten Roms" stattfinden soll. Das Dorf wurde im Juli 2014 vom IS eingenommen und diente kurz danach als Kulisse für ein Enthauptungsvideo. Das Magazin „Dabiq" zielt darauf ab, das IS-Kalifat zu legitimieren und Kämpfer anzuwerben. Militärische Erfolge oder Niederlagen des IS werden als Teil eines göttlichen Plans dargestellt. Zahlreich vertreten sind brutal illustrierte Berichte über Kampfhandlungen, Versklavungspraktiken und Hinrichtungsmethoden, die religiös-rechtlich legitimiert werden. Ebenfalls enthalten sind Illustrationen zerstörter antiker Bauwerke wie die im – inzwischen zurückeroberten – syrischen Palmyra. Auch hier zeigt sich die durchgängige Verachtung alles Nicht-Islamischen. Dass das IS-Magazin anstrebt, seine Thematik auch dem westlichen Publikum zu vermitteln, ist nur sehr schwer verständlich.

10 Die Rückkehr der Taliban

Es war zu erwarten, dass die Taliban sich erneut radikalisieren würden. Nur mit so schweren Anschlagserien, wie der in der afghanischen Hauptstadt Kabul und in der Provinzhauptstadt Kundus, wurde dann doch nicht gerechnet. Vielmehr rückte nach dem Selbstmordanschlag in Dschalalabad vom April 2015, bei dem mehr als 30 Menschen starben und für den der „Islamische Staat" als verantwortlich erklärt wurde, immer wieder die Thematik der afghanischen Taliban in ihrem Verhältnis zur IS-Terrororganisation in den Blickpunkt. Der IS-Dschihadismus sei in Afghanistan aktiv, erklärte damals Präsident Ashraf Ghani.

Davon konnte beim Anschlag in einem Park bei der pakistanischen Stadt Lahore vom März 2016 keine Rede mehr sein. Die Jamaat-ul-Ahrar, eine Splittergruppe der pakistanischen Taliban, hat sich zum Anschlag bekannt, bei der über 60 pakistanische Christen, vorwiegend Frauen und Kinder, getötet wurden. Kurz darauf, im April 2016, griffen während ihrer sogenannten Frühlingsoffensive die afghanischen Taliban die Provinzhauptstadt Kundus an, wo sie sich mit afghanischen Einheiten heftige Gefechte lieferten. Im selben Monat folgte ein besonders aggressiver Anschlag im Zentrum Kabuls; er galt den afghanischen Sicherheitskräften, die unter anderem für den Schutz der Mitarbeiter des Geheimdienstes zuständig sind.

Die Gefahr des „Islamischen Staats" ist mittlerweile nicht mehr aktuell. Die afghanischen Taliban mit ihrer dem IS vielfach ähnlichen Ideologie haben sich zu den letzten beiden Anschlägen bekannt. Damit stellt sich die Frage: Welche Rolle spielen die Taliban heute? Wie lassen sie sich historisch in den Terrorismuskomplex einordnen?

Die Taliban-Bewegung verfolgt einen politischen Islam mit der religiösen Komponente des Deobandismus. Er gründet auf der Lehre der islamischen Hochschule Darul Uloom in der indischen Kleinstadt Deoband – einer Hochschule, deren Einfluss sich mit dem der al-Azhar-Universität in Kairo vergleichen lässt. Der nach Deoband genannte Deobandismus vertritt in seiner extremen Form einen dogmatischen und puritanischen Islam. Schiiten, Christen und Juden gelten als Ungläubige. Wie im „Islamischen Staat" wird alles Vorislamische verachtet – verbunden mit der Zerstörung kultureller Zeugnisse wie die der Buddha-Statuen von Bamiyan. Die Hauptideologen waren Mohammed Kasim Nanautawi und Rashid Ahmed Gangohi, die die Hochschule in Deoband gegründet haben. Bedeutsam ist, dass eine Niederlassung der Hochschule in Pakistan besteht, wo mehrere Führer der Taliban und auch der ehemalige Taliban-Führer Mullah Omar ausgebildet wurden. Bedeutsam ist auch, dass zahlreiche pakistanische Madrassas von Deobandis geleitet werden – Koranschulen, in denen der Deoband-Islam gelehrt wird. Die meisten Madrassas befanden sich einst in ländlichen Gebieten und in afghanischen Flüchtlingslagern. Ihre Auslegung der Scharia ist stark vom Paschtunwali beeinflusst – dem Stammesrecht der Paschtunen.

Die Dschihad-Milizen der Taliban, die sich zu einem Großteil aus den Koranschulen rekrutierten, entstanden in den frühen 1990er Jahren als eine Organisation paschtunisch-afghanischer Flüchtlinge nach dem Krieg gegen die Sowjetunion. Unter der damaligen Führung des radikalen Dschihadisten Mullah Omar setzten die Taliban alles auf die Eroberung Afghanistans. Im Herbst 1994 traten sie erstmals in der Stadt Kandahar, der späteren Hochburg der Taliban, auf. Von dort aus nahmen sie paschtunische Gebiete im Süden des Landes ein. 1995 waren die Milizen bis kurz vor die Hauptstadt Kabul vorgedrungen und hatten

Herat in Westafghanistan besetzt. Mit der Einnahme Kabuls im September 1996 erreichte Omar mit den Taliban-Milizen die militärische Herrschaft über Afghanistan. Mullah Omar, dem von afghanischen Geistlichen der Titel „Amir-ul Momineen" verliehen wurde, war damit Oberhaupt des von ihm errichteten Islamischen Emirats Afghanistan, das von Pakistan, Saudi-Arabien und den Vereinigten Arabischen Emiraten anerkannt wurde. „Das erste Mal", so der Omar nahestehende pakistanische Politiker Molana Sami Ul Haq in einem Interview mit Ahmed Rashid, „traf ich Omar 1996 in Kandahar und war stolz, dass man ihn zum Amirul Momineen erkoren hatte. Er hat weder Geld noch einen Stamm oder eine noble Herkunft, wird aber über alle anderen hinaus verehrt, und so erwählte Allah ihn zu ihrem Führer."

Das Land unter Omar erlebte allerdings eine Schreckensherrschaft. Im Mittelpunkt standen nicht nur die streng ausgelegte Scharia, sondern auch die systematischen Massaker und andere Gräueltaten an der Zivilbevölkerung. Hier wurden Enthauptungen und Häutungen vorgenommen. Es kam zu ethnischen Säuberungen in der schiitischen Volksgruppe der Hazara. Mädchen war es verboten, eine Schule zu besuchen. Frauen, die man zwang, eine Burka zu tragen, durften keiner beruflichen Arbeit nachgehen. Viele von ihnen wurden entführt und in die Sklaverei in Afghanistan oder in die Zwangsprostitution in Pakistan verkauft.

Die Taliban-Herrschaft endete im Oktober 2001. Im Zuge des „Kriegs gegen den Terror" nach Nine Eleven führten die USA und ihre Verbündeten vom 7. Oktober an einen Krieg gegen die al-Qaida in Afghanistan und das Regime der Taliban, das nach nur zwei Monaten aus Kabul vertrieben wurde. Es kam zur Übergangsregierung Hamid Karzais – unterstützt durch eine starke ausländische Truppenpräsenz.

Die Karzai-Regierung war weit davon entfernt, zur Lösung der Probleme beizutragen. Ab 2005 führten die Taliban von Pakistan aus immer wieder terroristische Kampagnen gegen die Regierung und die Truppen der ISAF. Die Aktionen reichten von massiven Angriffen auf Militäreinrichtungen bis hin zu Selbstmordattentaten, die sich zunehmend gegen Zivilisten richteten. Afghanistan zählte von nun an zu den sogenannten „failed states", den gescheiterten Staaten mit einer brüchigen Staatlichkeit, die es terroristischen Gruppen leicht machen, Anschläge wie die unter dem – inzwischen durch eine US-Drohne getöteten – Taliban-Führer Mullah Akhtar Mansur zu verüben, der zwei Jahre lang die Nachricht vom Tod Mullah Omars verschwieg und nicht von allen Teilen der Taliban anerkannt wurde.

Ungeachtet dessen war es Mansur gelungen, die ersten großen Anschläge in Kabul nach dem Tod Omars durchzuführen. Dass Präsident Ghani einen harten Gegenschlag ankündigte, dürfte angesichts der brüchigen Staatlichkeit Afghanistans die Taliban kaum davon abhalten, weitere Gewalttaten zu verüben – getrennt oder gemeinsam mit den insgesamt drei Flügeln der Taliban und unterstützt durch die Stämme in Afghanistans Süden.

11 Der Sunna-Schia-Konflikt: Saudi-Arabien und Iran

Die ohnehin starken Spannungen zwischen den beiden großen Regionalmächten, dem wahhabitisch-sunnitischen Saudi-Arabien und dem schiitischen Iran, haben sich seit Anfang Januar 2016 erneut verstärkt. Anlass der Eskalation war die Hinrichtung des prominenten schiitischen Geistlichen und Bürgerrechtlers Nimr Bagir Amin al-Nimr in Saudi-Arabien, die weltweit für heftige Kritik sorgte und im Iran zum Angriff auf die saudische Botschaft führte. Saudi-Arabien und weitere arabische Staaten brachen daraufhin ihre diplomatischen Beziehungen zu Teheran ab. In diesem Kontext wurde nicht zuletzt die Sorge spürbar, der Konflikt der beiden Regionalmächte gefährde jeden diplomatischen Verhandlungsprozess über Syrien.

Die Spaltung der Muslime – Sunniten contra Schiiten – geht bekanntlich auf einen Streit über die Nachfolge des Propheten Mohammed im 7. Jahrhundert zurück. Mohammed war Prophet und Feldherr zugleich. Und damit stellte sich damals die Frage, wer diese doppelte Funktion auszuführen befähigt sei und ob der Nachfolger ein Verwandter des Propheten sein müsse oder ob er aus dem Kreis seiner Gefährten kommen solle. Die ersten drei der vier „rechtgeleiteten" Kalifen waren Gefährten Mohammeds; erst der vierte Kalif – Ali ibn Abi Talib – war Mohammeds Vetter und Schwiegersohn. Nach dessen Ermordung kam es am 10. Muharram 61 (10. 10. 680) zur Schlacht von Kerbela im Irak, in der Alis Sohn Hussein und seine Anhänger, die „Shiat Ali", von den

Truppen des Gegenkalifen der Umayyaden geschlagen wurden. Damals formierten sich die Schiiten – heute die zweitgrößte muslimische Glaubensrichtung. Die Zwölfer-Schiiten, die vor allem im Iran die Bevölkerungsmehrheit stellen, erkennen nur Ali als göttlich legitimierten Prophetennachfolger an.

Inzwischen nimmt der Sunna-Schia-Konflikt im Nahen Osten von Mal zu Mal stark zu. Die von Riad initiierte „Islamische Allianz gegen den Terror", über die noch zu berichten ist, zielt auch auf eine vereinte sunnitische Front gegen den Iran, der als schiitische Gegenmacht wahrgenommen wird. Dem entgegen steht das Machtzentrum für Irans Außenpolitik, das von den Quds-Brigaden, den Eliteeinheiten der iranischen Revolutionsgarden, den Pasdaran, gebildet wird. Sie unterstehen direkt dem Obersten Führer Ali Khamenei. Ihr Auftrag, die Macht Teherans und der Schiiten auszuweiten, ist ebenso politisch wie missionarisch. Nachfolgend sollen die beiden Regionalmächte kurz vorgestellt werden. Interessant ist im saudischen Kontext, dass der „Islamische Staat" eine politische Ideologie aufweist, die die gleichen Wurzeln wie die in Saudi-Arabien hat.

Saudi-Arabien

Nach dem Tod von Abdullah ibn Abd al-Azis hat im Januar 2015 sein Halbbruder Salman ibn Abd al-Azis die Herrschaft übernommen, mit der in Saudi-Arabien die Position des „Hüters der Heiligen Stätten" – Mekka und Medina – verbunden ist. Der neue saudische Herrscher erklärte sich bereit, eine führende Rolle im Syrien-Krieg zu übernehmen, und ernannte den Vize-Kronprinzen Mohammed bin Salman al-Saud, dem bereits die saudische Militärintervention im Jemen unterstellt ist, zum Verteidigungsminister. Im saudischen Königreich – dies kurz zu seiner politischen

Charakteristik – ist der Monarch Staatsoberhaupt und Regierungschef. Er ist oberster Befehlshaber der Streitkräfte. Ein Parlament existiert nicht; es besteht lediglich ein Schura-Rat, dem eine beratende Funktion zukommt. Oppositionelle Parteien und Gewerkschaften sind verboten.

Das saudische Königreich entstand 1932; die Geschichte des Landes begann jedoch bereits im 18. Jahrhundert. Von besonderer Bedeutung ist seitdem die Lehre des islamischen Gelehrten Muhammad ibn Abd al-Wahhab (1703-1792); er gründete die hanbalitische Rechtsschule und gewann während seiner Missionierung den damaligen Emir (von Nagd) Muhammad ibn Saud für seine puristisch-traditionalistische Glaubensrichtung des sunnitischen Islam. 1744 kam in Diriyya (heute eine Vorstadt von Riad) die geschichtsträchtige staatlich-wahhabitische Übereinkunft zustande, in der Ibn Saud beteuerte, in seinem künftigen Reich die wahhabitische Interpretation von Koran und Sunna als alleingültig durchzusetzen, und in der al-Wahhab versicherte, den Machtanspruch des saudischen Herrschers religiös zu legitimieren. Das wahhabitische Selbstverständnis zeigt sich in der Staatsflagge Saudi-Arabiens, in der sich das Glaubensbekenntnis des Islam (Schahada) mit einem Schwert verbindet.

Der historische Einstand seitens der Wahhabiten war blutig: 1801 überfielen sie die im Irak gelegene heilige schiitische Stadt Kerbela. Dort zerstörten sie nicht nur die bedeutsamen schiitischen Heiligengräber; sie ermordeten auch fast 5.000 Frauen, Männer und Kinder. Kurz danach, 1804/06, kam es zur Einnahme von Mekka und Medina durch Saud I. und die Wahhabiten, die dort – entsprechend ihrer dem IS ähnlichen ideologischen Überzeugung – erneut die Grabmäler vieler Vertreter des frühen Islam und namentlich das in der Seldschukenzeit erbaute Mausoleum der schiitischen Imame Muhammad al-Baqir und Dschafar al-

Sadiq auf dem Friedhof von Medina zerstörten.

Die Krieger Sauds I. wurden damals auf ihr Kernland in der Gegend der heutigen Hauptstadt Riad zurückgedrängt. Abd al-Aziz ibn Saud (1902-1953), der Begründer Saudi-Arabiens, eroberte jedoch 1924 erneut Mekka und Medina und ließ 40.000 Gegner des Wahhabismus öffentlich hinrichten. Die Wahhabiten gingen weiterhin ähnlich grausam vor wie schon ihre Vorfahren im 19. Jahrhundert. Fortgeführt wurde die Übereinkunft von 1744, nach der den Wahhabiten die religiöse Führung zusteht. Das bedeutet nicht nur, dass heute die Wahhabiten in Saudi-Arabien die Mutawas, die Religionspolizei, und weitgehend die Ulema, die Religionsgelehrten, stellen. Die Lehre Ibn Abd al-Wahhabs ist auch die saudische Staatsdoktrin. Daraus erklären sich neben den mannigfachen Verboten für Frauen und dem Verbot der freien Religionsausübung vor allem die zahlreichen Scharia-Strafen der Auspeitschungen und der öffentlichen Hinrichtungen.

Exkurs: In Saudi-Arabien existieren terroristische Oppositionsbewegungen, die sich besonders an der orthodoxen „Organisation Islamische Revolution" (ursprünglich unter Dschuhaiman al-Utaibi) orientieren, die 1979 die saudische Monarchie bedrohte. Damals, während der Hadsch, erstürmte diese Gruppe von fast 500 schwer bewaffneten Terroristen unter Führung von al-Utaibi die Große Moschee in Mekka und nahm mehr als 50.000 Gläubige als Geiseln. Erst nachdem es der saudischen Regierung nach mehreren Tagen gelang, sich von den Ulema die Fatwa zur Erstürmung der Moschee zu beschaffen – eine Fatwa, die nicht von allen Mitgliedern der Ulema unterzeichnet wurde –, konnte nach zweiundzwanzig Tagen die terroristische Gruppe dazu gezwungen werden, ihre Annexion aufzugeben. 330 Menschen, darunter Geiseln, Geiselnehmer und Einsatzkräfte, kamen ums Leben. 63

Terroristen, darunter al-Utaibi, wurden im Januar 1980 in einer Massenexekution öffentlich enthauptet.

Iran

Nach dem Abkommen von Wien und dem Ende der US-Wirtschaftssanktionen ist der Iran zurück im Weltgeschehen – politisch und wirtschaftlich. Bei den Wahlen zum Parlament vom 26. Februar 2016 konnte die Liste „Hoffnung" ein gutes Ergebnis erzielen. Die Reformer hatten sich mit den gemäßigten Konservativen verbundenen, zu denen auch Präsident Hassan Rohani zählt. Man kann dieses Ergebnis jedoch nicht als einen Auftrag verstehen, die Politik der Öffnung fortzusetzen. Denn die Wahlen zum Parlament dürfen in ihrer Bedeutung nicht überschätzt werden. Nach wie vor kommt dem Obersten Führer, der von 88 Klerikern des Expertenrats auf Lebenszeit gewählt ist, eine starke Machtbefugnis zu. Dies zeigt sich darin, dass alle Parlamentsbeschlüsse vom Wächterrat, einem zwölfköpfigen Gremium, das zur Hälfte vom Obersten Führer eingesetzt und zur Hälfte vom Parlament gewählt ist, auf ihre Übereinstimmung mit den Prinzipien des islamischen Rechts geprüft werden und der Oberste Führer die politischen Richtlinien bestimmt. Er ist letzte Schlichtungsinstanz und oberster Richter, er kontrolliert die mächtigen Revolutionsgarden und bestimmt weitgehend die Außen- und Sicherheitspolitik – einschließlich der militärischen Unterstützung der libanesischen Hisbollah-Miliz und des Syrien-Regimes.

Die starke Machtposition des Obersten Führers geht auf die Khomeini-Revolution im Iran zurück. Damals, im Februar 1979, ist erstmals in der iranischen Geschichte die schiitische Konfession in ein Stadium eingetreten, in dem unter der Leitung Ayatollah Khomeinis und des schiitischen Klerus eine religiös legitimierte Herrschaft entstand. Zwar hat sich der schiitische Islam immer auf einen Klerus stützen können, der sich autonomer gegenüber der jeweiligen Herrschaft verhielt als die sunnitischen Geistlichen. Doch während der Abwesenheit des „entrückten" zwölften Imam, welcher den Safawiden zufolge seit dem 9. Jahrhundert in „Verborgenheit" lebt, war im Grunde jede Herrschaft – auch die des Klerus – illegitim. Erst Ayatollah Ruhollah Khomeini entwickelte seine eigene Doktrin der Wilayat al-faqih, der Herrschaft des anerkannten Gottesgelehrten.

Bedeutsam für die iranische Revolution ist auch die Tatsache, dass die schiitischen Ulema – die Religionsgelehrten – wirtschaftlich stark genug waren, um Khomeinis Rückkehr in den Iran und zuvor seine vielfältigen Aktivitäten in Frankreich zu finanzieren. Die Ulema hatten ein Bündnis mit den Basaris, den Handelsleuten, gebildet. Dieses Bündnis, das im Status nascendi von einer breiten Massenbasis getragen wurde, führte zur Revolution und damit zum Ende der Pahlavi-Monarchie. Damit wurde ein autokratisches System gestürzt, das wie kein anderes in der Nahostregion vom Westen unterstützt wurde und in amerikanische Interessenpolitik eingebunden war. Dass dies gelang, lässt sich auch darauf zurückführen, dass die selbst errichtete Pahlavi-Monarchie in der Nachahmung des westlichen Entwicklungsmodells die traditionellen Strukturen beseitigte, ohne neue zu schaffen, und dass die Schah-Herrschaft eine nur modernisierte Variante in der Geschichte der orientalischen Despotien verkörperte – ohne jegliche islamische Legitimierung. Die Revolution konnte gelingen, da sie auf autochthone Elemente des schiitischen Islam zurückgriff.

Nachfolger Ayatollah Khomeinis wurde nach dessen Tod (1989) der von Khomeini vorgeschlagene Oberste Führer Ali Khamenei. Auch unter dessen Leitung grenzt sich der schiitische Iran entschieden gegen das sunnitische Saudi-Arabien ab. Die beiden Regionalmächte verhaken sich immer wieder in einem Kampf um die Vormachtstellung in der Region. Es existieren im

Iran verschiedene Machtzentren – die für das System bedeutsamen Revolutionsgarden (Pasdaran) und die zahlreichen Hardliner, die sich hinter den politischen Kulissen bekämpfen. Vor allem die Revolutionsgarden haben die Jahre der Sanktionen genutzt, um wichtige Wirtschaftsbereiche unter ihre Kontrolle zu bringen. Und die Hardliner sehen in Rohanis moderatem Kurs eine Bedrohung der Stabilität des Iran; hier versucht man, jegliche Politik der Öffnung zu verhindern. Zu nennen ist weiterhin, dass die Zahl der Hinrichtungen recht erheblich gestiegen ist. Nach wie vor droht kritischen Journalisten eine Gefängnisstrafe, nach wie vor werden politische Oppositionelle unterdrückt.

12 Staaten und Allianzen gegen den IS [4]

Der „Islamische Staat" hat zwar bisher rund 35 Prozent seines Territoriums im Irak und in Syrien wieder verloren. Der Fall der irakischen Stadt Ramadi, 60 km von Bagdad entfernt, ist nur die jüngere in einer Reihe von Niederlagen des IS. Damit zeichnet sich jedoch keine Trendwende ab. Denn wichtige IS-Eroberungen im Irak und in Syrien – nicht nur Mossul und Raqqa – unterstehen weiterhin der Terrormiliz. Das ist auch deshalb bemerkenswert, weil seit August 2014 die US-geführte Allianz gegen den Islamischen Staat mit permanenten Luftschlägen gegen den IS vorgeht. Ebenfalls ist darauf hinzuweisen, dass der IS mittlerweile über die Gebiete im Irak und in Syrien hinaus vor allem in Libyen, in Nigeria und auf der ägyptischen Halbinsel Sinai aktiv ist.

Der Internationalen Allianz gehören neben den USA eine Reihe europäischer Länder, Australien und Kanada, aber auch arabische Staaten und die Türkei an. Hierbei handelt es sich freilich um eine ungleiche Beteiligung. Auch schieden nach Gründung der von Riad initiierten „Islamischen Allianz gegen den Terror" Staaten aus. Andererseits erweiterte beispielsweise Frankreich nach den Anschlägen von Paris im November 2015 den Umfang seiner Instrumentarien um den Flugzeugträger Charles de Gaulle und um zehn Kampfjets, die in Jordanien und in den Emiraten stationiert sind. Hinzu kamen von deutscher Seite die Aufklärungs-Tornados, die Flugzeuge zur Luftbetankung und die Fregatte Augsburg

---

[4] Allgemein sei vermerkt, dass sich die Daten durch die vehementen Kriegshandlungen und die Umbruchssituation stark ändern können. Sie sollen nur einen generellen Überblick vermitteln.

sowie vor allem die Waffenlieferungen an die kurdischen Peschmerga.

Die Peschmerga – die hier repräsentativ für die kurdische Regionalregierung im Irak genannt werden sollen, während die syrischen Kurden mit der Kurdischen Arbeiterpartei (PKK) im Abschnitt über die Türkei vorgestellt werden – haben den Ruf erlangt, im Kampf gegen den IS die effektivsten Verbündeten des Westens zu sein. Sie unterstehen Massud Barsani, dem Präsidenten der Kurden im Irak, und haben geopolitisch wichtige vom IS okkupierte Städte mit ihren Bodentruppen zurückerobert bzw. eine IS-Eroberung verhindert. So konnte im Nordirak die Universitätsstadt Kirkuk vor dem IS bewahrt werden. Die Provinzhauptstadt Ramadi, 110 Kilometer westlich von Bagdad, wurde zurückerobert; und die strategisch wichtige Kleinstadt Sindschar, die von der ethno-religiösen Minderheit der Jesiden bewohnt wird, konnte von der IS-Terrormiliz befreit werden. Bedeutsam war dies vor allem deshalb, weil das vom IS kontrollierte Terrain in Syrien und im Irak über einen Highway am Dschabal Sindschar entlang verbunden ist, der von Raqqa nach Mossul führt. Unterstützt durch US-Luftangriffe gelang es den Peschmerga, die Kleinstadt einzunehmen und so für den IS die Verbindung von Syrien nach dem Irak zu unterbrechen.

Zu Russland: Am 30. September 2015 begann die russische Luftwaffe mit ihren Bombardements im Syrien-Krieg. Zuvor war die Zielsetzung gescheitert, ein Informationszentrum in Bagdad zu etablieren, in dem Vertreter der Generalstäbe Russlands, Syriens, des Iran und des Irak den Kampf gegen den „Islamischen Staat" und gegen weitere Rebellengruppen in Syrien koordinieren sollten. Inzwischen setzt Putins Russland darauf, unabhängig zu agieren und mit seinen Kampfjets und Kriegsschiffen, aber auch mit 2.000 russischen Soldaten – darunter Bodentruppen – für den

Machterhalt Baschar al-Assads zu kämpfen. Russlands Militärpräsenz, die sich auf eine langjährige Bündnispolitik mit Syrien stützt (s. Kap. 6), zeigt sich auf der Luftwaffenbasis Latakia im Nordwesten Syriens. Die Bombardements zielten vor allem auf Anti-Assad-Rebellengruppen und auf Aleppo, die einstige Wirtschaftsmetropole. .

Die zuletzt erwähnten Rebellengruppen sind äußerst zahlreich. Zu nennen ist das Bündnis Dschaisch al-Fatah, dem verschiedene moderate und radikale Gruppen angehören – darunter die al-Nusra-Front, die in Kapitel 3 vorgestellt wurde, und die Miliz Ahrar al-Scham, die etwa 15.000 Kämpfer umfassen soll. Hinzu kommt die Rebellengruppe Jaysh al-Islam. Die beiden letztgenannten Gruppen kämpfen gleichzeitig gegen Assad und den IS. Schließlich ist die Freie Syrische Armee (FSA) zu nennen. Sie besteht aus zwei Flügeln: Die Nördliche Front umfasst ca. 20.000 Kämpfer in 14 Gruppen, deren moderater Teil von einem US-geführten Operationszentrum in der Türkei unterstützt wird. Der zweite Flügel, die Südliche Front, umfasst rd. 60 moderate Untergruppen mit insgesamt etwa 30.000 Kämpfern. Unterstützt wird die Südliche Front von einem US-geführten Operationszentrum in Jordanien.

Neben Russland unterstützt der Iran intensiv das Syrien-Regime. Als 2011 im Rahmen des Arabischen Frühlings der sunnitische Aufstand gegen Baschar al-Assad begann, versuchte ihn Saudi-Arabien durch Geldmittel zu forcieren. Assad war langjähriger Partner des Iran – und das war für das saudische Königreich ausschlaggebend. Doch Syrien ist der wichtigste Verbündete der Islamischen Republik geblieben, allerdings kaum deshalb, weil Assad den schiitischen Alawiten angehört. Bedeutsam ist vielmehr, dass Syrien dem Partner Iran für die libanesische Hisbollah-Miliz einen Truppen- und Waffentransfer bietet – im Kampf gegen den Erzfeind Israel.

Die Haltung der Türkei zum syrischen Bürgerkrieg war recht lange problematisch. Inzwischen hat sich die Front auf die PKK verlagert (s. Kapitel 13). Der Südosten der Türkei stehe vor einem Bürgerkrieg – so Präsident Erdogan, der innenpolitisch eine weitgehende Islamisierung der türkischen Gesellschaft und außenpolitisch mit Saudi-Arabien einen strategischen „Kooperationsrat" anstrebt.

Weit über diesen „Kooperationsrat" hinaus hat das saudische Regime im Dezember 2015 eine Islamische Allianz gegen den Terror gegründet. Dem Bündnis gehören neben Saudi-Arabien und der Türkei unter anderem die Staaten Katar, der Sudan, Marokko, Pakistan und Libyen an. Sitz der Koalition unter der Leitung des Vizekronprinzen als Verteidigungsminister ist das Zentrum zur Koordinierung von Militäroperationen in Riad. Bekämpft werden soll nicht nur der „Islamische Staat", sondern der Terrorismus in jeder Form, vor allem im Irak, in Syrien, Libyen und Afghanistan.

13 Exkurs: Die Türkei, die Kurden und der IS

Die „Kurdenfrage" – der Kampf zwischen Ankara und den Kurden – dominierte geraume Zeit die türkische Politik im Schatten des IS-Terrors. Nicht zu Unrecht warfen die türkischen und syrischen Kurden Ankara vor, den IS zu dulden. Die Türkei ließ ihn jedenfalls lange gewähren und schloss sich erst spät der Internationalen Allianz gegen den Islamischen Staat an. Danach hat die Türkei einen gewissen Strategiewechsel im Kampf gegen den IS vollzogen, wenngleich sie nach wie vor weit härter gegen die kurdischen Milizen in Syrien, aber auch im Irak vorgeht, die sich am schlagkräftigsten gegen den „Islamischen Staat" gezeigt haben. Die türkische Luftwaffe fliegt weiterhin Angriffe auf IS-Stellungen in Syrien. Und türkische Polizisten unternehmen Razzien nach Einwohnern, die unter dem Verdacht stehen, mit dem IS zu sympathisieren.

Inzwischen hat sich Präsident Erdogan mit anti-syrischen Kräften verbündet, sich aber auch den „Terroristen" der verbotenen kurdischen Arbeiterpartei PKK und ihres syrischen Ablegers, der PYD, gewidmet. Die militärischen Erfolge der syrischen Kurden stehen im Verdacht, sie könnten das Autonomiebestreben der türkischen Kurden stark anfachen. Und da besteht in der Türkei eine auf den Zerfall des Osmanischen Reichs zurückgehende Urangst vor einem kurdischen Staat und einer damit verbundenen Teilung des eigenen Territoriums.

Der Begriff „Osmanisches Reich" steht für eine Grundstimmung im politischen Islam der Türkei, der als eine Gegenbewegung zum kemalistischen Staatsislam zu deuten ist und der historisch auf den ehemaligen Ministerpräsidenten Necmettin Erbakan zurückgeht. Dieser politische Islam hat verschiedene islamistische Parteien hervorgebracht, denen auch vor 2001 Recep Tayyit Erdogan angehörte. Darüber wird im Einzelnen noch zu sprechen sein.

Nachdem der islamistische Politiker Necmettin Erbakan mit seiner Refah-Partei die türkischen Wahlen vom Dezember 1995 gewonnen hatte und die Ministerpräsidentschaft einer Koalitionsregierung übernahm, wurde ersichtlich, dass es in der Türkei seit geraumer Zeit einen inneren Konflikt zwischen Islamisten und Kemalisten gab. Erbakan repräsentierte jene Islamisten, die ihren Islamismus mit einer neo-osmanischen Ausrichtung vertreten und die Türkei kulturell zu entwestlichen suchen. Angesichts dessen ist jeder Konflikt zwischen den Kemalisten und den Islamisten eine Auseinandersetzung darüber, ob die Türkei eine westliche oder eine islamische Zivilisation verkörpert. Derart ist der politische Islam des Landes eine politisch-soziale und eine kulturelle Erscheinung, die dem Phänomen der Revolte gegen den Westen eingegliedert werden kann. Die Türkei steht damit in schroffem Gegensatz zur politischen Intention ihres Gründers und ersten Staatspräsidenten Mustafa Kemal Atatürk. Nach dem Untergang des Osmanischen Reichs (1923) wurde von ihm und der türkischen Nationalversammlung 1924 das Kalifat abgeschafft. Kemal Atatürk zielte auf eine Säkularisierung der türkischen Gesellschaft und damit auf die Trennung von Religion und Staat.

Während Erbakans Ministerpräsidentschaft ging es darum, die Türkei wieder an ihre alte Tradition zu binden und den Kemalismus durch eine schleichende Entwestlichung zu beseitigen. Ähnlich seinem Nachfolger Erdogan unternahm er es, den Islam nicht nur als Religion, sondern auch als Legitimität seiner Politik zu vitalisieren. Nach seiner Ministerpräsidentschaft ordnete sich dieser Islamismus in den Konflikt um die Orientierung der Türkei ein:

in die westlich-säkulare bzw. in die islamistische Orientierung. In diesem Kontext zeigte sich ein Zurückdrängen des laizistischen Staates – deutlich erkennbar in den Parlamentswahlen vom November 2002, in denen Recep Tayyit Erdogan, der ehemalige Bürgermeister von Istanbul, seine Partei für Gerechtigkeit und Entwicklung (AKP) zur absoluten Mehrheit in der Großen Nationalversammlung führte. Der Kemalismus und seine säkulare Ideologie sind damit sukzessive in eine Krise geraten, wenngleich die türkische Verfassung einen dem Nationalismus Atatürks verbundenen Rechtsstaat proklamiert, der auf demokratischen, laizistischen und sozialen Grundprinzipien beruht. Auch der Staatspräsident hat – ähnlich den Parlamentariern – in seinem Amtseid seine Entschlossenheit zu bekunden, den Prinzipien und Reformen Atatürks sowie dem Prinzip der laizistischen Republik verbunden zu bleiben.

Erdogan konnte auf Erfahrungen in teils kleineren Parteien zurückblicken, die wie die von Erbakan gegründete Nationale Heilspartei (MSP) dem islamistischen Spektrum zuzuordnen waren. In der Nachfolgepartei der Nationalen Heilspartei – der Wohlfahrtspartei (RP) – war er stellvertretender Vorsitzender. Nach dem Verbot der RP gehörte Erdogan der nächsten Nachfolgepartei, der Tugendpartei (FP), an. 2001 gründete er dann mit anderen Mitgliedern der Tugendpartei die Partei für Gerechtigkeit und Entwicklung (AKP), die 2002 durch Erdogan den erwähnten großen Wahlerfolg erzielte. Erdogan selbst, der 1998 wegen „islamistischer Propaganda" verurteilt worden war, konnte bei den November-Wahlen nicht kandidieren. Erst nachdem die türkische Nationalversammlung durch eine Verfassungsänderung Erdogans Politikverbot aufgehoben hatte, wurde dem AKP-Vorsitzenden 2003 die Ernennung zum Regierungschef ermöglicht.

Erdogan, der die von Erbakan bereits vorangetriebenen Systemkorrekturen der Politik Atatürks konsequent weiterverfolgt, sieht im Islam das Element des Türkentums – für ihn ist ein Türke ein frommer sunnitischer Muslim. Im „Osmanischen Reich en miniature", wie manche Historiker die türkische Republik nennen, entscheidet Erdogan über die religiösen schulischen Lehrinhalte. Das Ministerium für Nationale Erziehung und das Ministerium für Religionsangelegenheiten verfolgen eine Islamisierung der Türkei. Inzwischen entstehen verstärkt die Imam-Hatip-Schulen. Diese Schulen waren ursprünglich für die Ausbildung islamischer Geistlicher gedacht und zielen in der heutigen Türkei auf eine nachhaltige Islamisierung im Schulwesen. Neben den Imam-Hatip-Schulen, zu denen immer mehr staatliche Oberschulen umgewandelt werden, stehen im Lehrplan auch in staatlichen Mittelschulen Wahlkurse in Arabisch, zum Koran und zum Leben des Propheten.

Ein anderer Vertreter, der auf die Bedeutung von Bildung setzt und Privatschulen und Privatuniversitäten wie die Fatih-Universität in Istanbul errichtete, ist der türkische Exilprediger Fethullah Gülen. Der Prediger, der eng mit Erbakan kooperierte, aber mit Erdogan in Konflikt geriet, zielt hierbei auf eine religiöse Erneuerung des Islam, der alle Muslime in einem Neo-Osmanischen Reich umfassen müsse. Eine solche Zielsetzung wird nicht nur von Gülen vertreten; hier zeigen sich Parallelen zu vielen konservativen Akademikern und Publizisten, die eine Romantisierung der osmanischen Vergangenheit betreiben und sich durch eine osmanische Nostalgie auszeichnen.

Eine solche Nostalgie entspricht der Idealvorstellung eines neuen Osmanischen Reichs der islamischen Kultur und Ordnung, womit sich zumeist ein Führungsanspruch der Türkei verbindet. Manche Türkei-Beobachter sehen in Erdogan den nach Macht strebenden „Sultan", manche erkennen unter seiner Führung eine vehement zunehmende Islamisierung. Dafür spricht die Gesamtgestaltung der türkischen Gesellschaft mit ihrer Ausgrenzung der

Kurden und andersgläubiger Minderheiten bis hin zur sozialen Rolle der Muslimin und ihrer Kleiderordnung. Vor allem aber schalten Erdogan und seine türkische Regierung nach und nach nicht genehme Medien aus. So wurde im Oktober 2015 der regierungskritische Medienkonzern Koza-Ipek von Sicherheitskräften übernommen und im März 2016 die auflagenstärkste und gleichzeitig größte oppositionelle Zeitung „Zuman" unter die Aufsicht einer staatlichen Treuhandverwaltung gestellt.

Das sind nur wenige Beispiele für eine autokratische Staatsführung, die an osmanische Macht erinnern. Zutreffend dürfte die Deutung des Türkei-Experten Gareth Jenkins sein, Erdogan würde, wenn er allein entscheiden könnte, der „Türkei die Führung der muslimischen Welt" übertragen und insgesamt eine „muslimischere" türkische Gesellschaft herbeiführen. Zu dieser innenpolitischen Gestaltung – und dazu, den Islam nicht nur als Religion, sondern auch als Legitimität seiner Politik zu vitalisieren – hat Erdogan schon jetzt – vor dem erstrebten Präsidialsystem – alle Möglichkeiten. Und insofern spielen die Militärangriffe weniger gegen den IS, sondern gegen die Kurden auch eine innenpolitische Rolle – indem sie das politische Klima für Erdogans Macht bereiten.

14 Russland, die Assad-Diktatur und der Syrien-Krieg

Russland und die USA haben eine Waffenruhe vereinbart, die den geopolitischen Interessen der russischen Schutzmacht des syrischen Präsidenten Baschar al-Assad entgegenkommt. Das Assad-Regime, das im Sommer 2015 militärisch vor seiner Niederlage stand, scheint stabilisiert. Nach einem fünfjährigen Bürgerkrieg, in dem Hunderttausende Menschen gestorben und Millionen geflohen sind, brachte die Situation in Syrien Russland und den Westen an einen Tisch. Für diese Situation zeichnete Baschar al-Assad verantwortlich. Ohne ihn hätte es den Krieg in Syrien nicht gegeben. Ohne ihn wäre Syrien von einer Gewaltherrschaft verschont geblieben. Diese Gewaltherrschaft hat dem „Islamischen Staat" als vortreffliche Begründung für seinen menschenverachtenden Terror gedient.

Russland und Syrien

Um das Verhältnis zwischen Russland und Syrien zu verstehen, muss man dessen Geschichte betrachten. Die Sowjetunion und später Russland haben Syrien immer unterstützt. So wie die USA durch ihren Irak-Krieg (siehe Kap. 7) die Entstehung des „Islamischen Staats" mit versursacht haben, ist Russland für die Assad-Diktatur und den Syrien-Krieg mit verantwortlich. Lange davor begann die hier interessierende Chronik im Jahr 1971. Damals wurde der ehemalige General Hafez al-Assad, der Vater des heutigen Machthabers, Staatspräsident und Generalsekretär der syrischen Baath-Partei, die auf ein regionales Großsyrien zielte und die dominierende Partei im nationalen Parteienbündnis Progressive Nationale Front bildete. Hafez al-Assad, der die syrischen Beziehungen zur Sowjetunion und die Kooperation mit den westlichen Staaten ursprünglich gleichzeitig ausbauen wollte, unterzeichnete bereits im Oktober 1980 einen Vertrag über Freundschaft und Zusammenarbeit mit dem sowjetischen Staats- und Parteichef Leonid Breschnew. Der Vertrag gewährte zunächst der sowjetischen Seekriegsflotte die Nutzung der syrischen Marinebasis Tartus und stattete die syrischen Streitkräfte mit modernen sowjetischen Boden-Boden-Raketen aus. In diesem letzten Jahrzehnt ihres Bestehens näherte sich die UdSSR politisch und militärisch dem syrischen Verbündeten zunehmend an. Mehr als 500 sowjetische Militärberater waren seit 1971 im Land.

Die syrisch-russische Kooperation lässt sich mit zwei Namen verbinden: Wladimir Putin wurde im Mai 2000 erstmals Präsident der Russischen Föderation; und im selben Jahr, im Juni 2000, folgte Baschar al-Assad seinem verstorbenen Vater. Sechs Jahre danach, im Dezember 2006, trafen sich die beiden Präsidenten in Moskau, wo sie eine engere Zusammenarbeit vereinbarten. Es ging bei dem Treffen zudem um Rüstungskäufe und um die Modernisierung der syrischen Luftwaffe sowie erneut um die Marinebasis Tartus. Man war sich einig bei der Ablehnung der amerikanischen Nahostpolitik, die auch beim Besuch des russischen Präsidenten Dmitri Medwedew im Mai 2010 herausgestellt wurde. Die Intentionen Russlands und Syriens richteten sich – in geopolitischer Zielsetzung – auf eine mit Syrien verbundene Großmachtpolitik Russlands. So nimmt sich auch heute Präsident Putin das selbstverständliche Recht heraus, in das militärische Geschehen einzugreifen und die Assad-Diktatur aufzurüsten und mit modernsten Luftabwehrraketen auszustatten.Ungeachtet der Gefahr, Entspannungsbemühungen zu tangieren, sorgt Putin dafür, dass Baschar al-Assad die militärische Oberhand behält. Ohne diese massive Einmischung Russlands wäre der syrische Diktator nicht mehr an der Macht.

Die Assad-Diktatur

Baschar al-Assad begann mit seinen brutalen Taten im März 2011, als in Syrien der Arabische Frühling beginnen sollte und in der südsyrischen Kleinstadt Dara´a eine Gruppe junger Aktivisten friedlich gegen Assads Herrschaft demonstrierte. Es kam zu einer heftigen Reaktion der Sicherheitskräfte, die drei Tage später zum Tod mehrerer Menschen führte. Der Aufstand griff sehr rasch auf andere Städte über; der Konflikt eskalierte, als Assad die syrische Armee gegen die eigene Bevölkerung und die zivile Opposition einsetzte. In den folgenden beiden Monaten wurden mehr als 1.000 Menschen getötet und 10.000 inhaftiert. Der syrische Präsident hatte den Bürgerkrieg begonnen – in einem multikonfessionellen, aber laizistisch beherrschten Land, in dem die Sunniten mit 70 Prozent die Bevölkerungsmehrheit bildeten, während auf die kleineren Gruppen der Alawiten, die die Regierung stellen, der Christen und der Kurden jeweils weniger als 10 Prozent der Bevölkerung entfielen.

Im August 2011 verurteilte der UN-Sicherheitsrat die Menschenrechtsverletzungen und den Einsatz von Gewalt gegen Zivilisten. Damals setzte Assad Flugzeuge, Panzer und Raketen gegen die Bevölkerung ein. Im August 2012 wurden Hunderte Einwohner in Damaskus bei einem Giftgasangriff getötet, und immer wieder hat das Regime Tausende Syrer mit Fassbomben ermordet. Bis Ende 2014 starben in den Kämpfen des Bürgerkriegs – nach Angaben der Vereinten Nationen (die danach keine Zählung mehr vornahmen) – über 100.000 Menschen, darunter zahlreiche Kinder. Bis Anfang 2015 waren über 4 Millionen Menschen aus Syrien geflohen. Human Rights Watch konnte im März 2015 rd.

28.000 Fotografien 6.786 Personen zuordnen, die während ihrer Haft aufgrund von Misshandlungen verstorben waren. Hinzu kommt die von Assad und verbündeten Milizen eingesetzte Praxis des Aushungerns von Zivilisten als Mittel der Kriegsführung wie in der Stadt Madaja, nordwestlich von Damaskus – ein eindeutiger Verstoß gegen die Genfer Konventionen.

Bei all diesen Beispielen muss bewusst bleiben, dass sich der „Islamische Staat" ausdehnen konnte, weil Assad ihm dies ermöglichte. Der IS ist in Syrien Teil und Ergebnis einer Entwicklung, die mit dem Arabischen Frühling begann und zum Bürgerkrieg führte. Assad hat die Mordtaten des „Islamischen Staats" über viele Jahre direkt und indirekt gefördert. Die Brutalität des syrischen Regimes hat den IS genährt und zahlreiche Dschihadisten nicht nur aus benachbarten Staaten, sondern aus aller Welt angezogen. Nicht von ungefähr stimmen Beobachter der IS- und der Assad-Szene darin überein, der Diktator in Damaskus und der Kalif in Mossul seien Brüder im Geiste, der „Islamische Staat" sei im Vergleich zur Assad-Herrschaft das geringere von zwei Übeln.

Der Syrien-Krieg

Im Februar 2016 hat sich die Situation im Syrien-Krieg extrem verändert. Putins Russland hat mit einem Blitzkrieg die ohnehin schon schwer zerstörte nordsyrische Stadt Aleppo – einst Wirtschaftszentrum und Weltkulturerbe – und andere Regionen zerbombt und damit seine Unterstützung der Regimetruppen Baschar al-Assads massiv ausgeweitet. Putin setzte alles daran, die Innen- und Außenpolitik Syriens zu bestimmen und seinen Einfluss auf den Nahen Osten auszuweiten. Ohne seine Luftwaffe,
seine Militärberater und Sondereinsatzkräfte war die geschwächte syrische Armee nur sehr bedingt einsatzfähig. Zieht man ein kur-

zes Resümee, so hat Russland nach eigenen Angaben vor dem Teilabzug seiner Streitkräfte im März 2016 mehr als 9.000 Flüge geflogen und mehr als 2.000 Terroristen getötet. Aufständische wurden aus Latakia und den Provinzen Hama und Homs vertrieben. Putins Russland hat zudem die syrischen Regierungstruppen um Dara´a und Damaskus unterstützt und, wie erwähnt, Aleppo zerstört. Zum Marinestützpunkt Tartus kam der Flughafen Latakia, beide sollen weiter betrieben werden. Was allerdings den „Islamischen Staat" betrifft, so hat Russland erst nach Beginn der Waffenruhe ernsthaft damit begonnen, die Terrormiliz zurückzudrängen, zuletzt mit einer Offensive bei Palmyra. Die größten Gebiete des IS wurden von einer US-unterstützten Allianz verschiedener Länder zurückerobert.

Eine gewisse „Hoffnung" im Syrien-Krieg brachte der Münchner Beschluss der USA, Russlands und fünfzehn weiterer Staaten, die Kampfhandlungen vorerst einzustellen. Diese eingangs erwähnte Waffenruhe, die am 27. Februar 2016 zustande kam und zunächst weitgehend eingehalten wurde, gilt für die im Syrien-Krieg beteiligten Staaten, vor allem aber für die Truppen und Milizen der syrischen Regierung und für knapp hundert Rebellengruppen – wie immer man deren Terrorismus einschätzen mag. Sie gilt allerdings nicht für die al-Nusra-Front und den „Islamischen Staat". Die Waffenruhe gilt gleichermaßen nicht für die Milizen Ahrar al-Sham und Jaish al-Islam.

Die Waffenruhe wurde zu Beginn durch schwere Angriffe an mehreren Fronten unterbrochen: Autobomben des IS töteten in überwiegend von Schiiten bewohnten Vierteln in Homs und Damaskus mehr als 180 Menschen. Weit stärkere Angriffe kamen vor dem Teilabzug der Streitkräfte von der russischen Luftwaffe und den syrischen Regierungstruppen mit ihren verbündeten Milizen. Zudem richtete die türkische Armee ihre Artillerie auf Stellungen der Kurden-Miliz YPG in der Nähe von Aleppo und tangierte damit die russischen Interessen. Die Stimmung zwischen Russland und der Türkei ist nach dem Abschuss eines russischen Militärjets über der türkisch-syrischen Grenze noch immer kritisch. Ungeachtet dessen hat sich Putin mit den syrischen Kurden verbündet, die Erdogan für den Anschlag in Ankara vom Februar 2016 verantwortlich macht.

Darüber hinaus meldete die staatliche syrische Nachrichtenagentur „Sana", Rebellen hätten Damaskus mit Granaten beschossen. Die Opposition sprach von zahlreichen Verletzungen der Vereinbarung durch Einheiten, die auf Seiten des Assad-Regimes und seiner Verbündeten kämpfen. Vielfach ausschlaggebend waren Uneinigkeiten über die Modalitäten der Feuerpause – was nicht verwundert, wenn man sich die für die Waffenruhe herausgehobene Unterscheidung zwischen Rebellengruppen und Terroristen vergegenwärtigt. So wird man beispielsweise kaum Gebiete finden, in denen ausschließlich die al-Nusra-Front agiert. Russland hatte dies immer wieder als Vorwand benutzt, um unterschiedslos Rebellen zu bekämpfen.

15 Provinzen des IS: Libyen, Nigeria, Sinai und die Nachbarländer

Der „Islamische Staat" ist bestrebt, die Fronten seines Machtbereichs geographisch auszudehnen. Es geht hierbei um die genuine Zielsetzung einer Expansion in Nachbarländer des Kalifats. Dort befinden sich jene schwachen Staaten, jene „failed states", die für den IS als Terror-Exporteur von Interesse sind. Nachfolgend werden drei solche „Provinzen" genannt.

Libyen

Die libysche Revolution vom Februar 2011, die unter dem Eindruck der Ereignisse in Tunesien und Ägypten beim Arabischen Frühling ausbrach, war zum einen ein Kampf gegen die vierzigjährige Diktatur Muammar al-Gaddafis und ist zum andern ein Bürgerkrieg zwischen zahlreichen Machtgruppierungen. Milizen und Stämme mit wechselnden Loyalitäten beherrschen das Land. Der Zusammenhang zwischen Chaos und dem Verlangen nach Ordnung ließ islamistische und dschihadistische Gruppen entstehen. Dafür verantwortlich sind staatlicherseits zwei miteinander rivalisierende Regierungen und Parlamente: ein international anerkanntes Abgeordnetenhaus in der östlichen Hafenstadt Tobruk und das Übergangsparlament einer selbsternannten Gegenregierung in Tripolis, die von der islamistischen Milizenallianz „Morgendämmerung Libyens" kontrolliert wird. Keine der beiden Regierungen übt eine effektive Kontrolle über die Brigaden und Milizen aus. Hier ist es General Khalifa Haftar, der mit den Sintan-

Brigaden und den Einheiten der regulären Armee gegen die Misrata-Brigaden (MUR) und die islamistische Ansar asch-Scharia-Brigade kämpft.

Dass sich in dieser Situation der „Islamische Staat" ausbreitete, bedarf keiner näheren Erörterung. Die Gruppe Majlis Schura Shabab al-Islam, die im April 2014 in der Hafenstadt Derna, dem ersten Brückenkopf der IS-Dschihadisten, entstand, absorbierte zahlreiche Mitglieder der Ansar asch-Scharia und schloss sich im Oktober 2014 offiziell dem „Islamischen Staat" an. Der IS wurde vor allem dadurch bekannt, dass er Mitte Februar 2015 am Strand von Sirte über zwanzig entführte ägyptische Kopten enthauptete und über diese Hinrichtung ein Horrorvideo verbreitete. Wenige Monate später, im Juni 2015, wurde Sirte, der Geburtsort des Diktators Gaddafi, vollständig erobert. In der westlibyschen Stadt Sabrata allerdings, 80 km östlich der Grenze zu Tunesien, konnten US-Kampfjets im Februar 2016 ein wichtiges Ausbildungscamp des IS zerstören und dreißig Kämpfer, vorwiegend Tunesier, töten. Unter ihnen soll auch der tunesische Dschihadist Noureddin Couchane gewesen sein. Weitere Einflusszonen des IS reichen nach Süden. Dort existieren bereits Brückenköpfe und Zellen. Zu befürchten ist, dass sich der „Islamische Staat" in Libyen mit Terrororganisationen im Niger und im Tschad verbündet. Ebenfalls muss davon ausgegangen werden, dass der militärische Druck auf den IS im Irak und in Syrien zu einer weiteren Verlagerung der IS-Aktivitäten nach Libyen – und nach Tunesien – führt.

Nigeria und Boko Haram

Der Machtwechsel nach den demokratischen Wahlen vom März 2015 hat dem nigerianischen Präsidenten Muhammadu Buhari ein recht bedeutsames Mandat übertragen, um drängende Fragen des Landes angehen zu können – vor allem die Problematik der Terrororganisation Boko Haram. Diese Gruppe betreibt in Nigeria die Einführung der Scharia und das Verbot westlicher Bildung. Die Organisation der Boko Haram, die von Abubakar Shekau geleitet wird, verübt seit 2010 wöchentlich Anschläge, die bis heute schätzungsweise 15.000 Tote gefordert haben. Entführungen hunderter Mädchen und Frauen, Anschläge auf religiöse und staatliche Einrichtungen stehen auf der Tagesordnung. Konkret sind dies Bombenanschläge auf Nigerias Polizeihauptquartiere und auf UNO-Gebäude in Abuja, vor allem zahlreiche Bombenanschläge auf christliche Kirchen wie auf die St.-Teresa-Kirche in Madalla, einem Vorort Abujas, auf die Christ-Chosen-Church in Nord-Nigeria und auf Kirchen in Zaria und Kaduna.

International bekannt wurde Boko Haram im April 2014. Damals kam es zu einer Massenentführung von 276 nigerianischen Schülerinnen der Government Secondary School in Chibok im nordöstlichen Bundesstaat Borno. Ein Bekennervideo kündigte an, die Schülerinnen „auf dem Markt zu verkaufen". Ein zweites Video zeigte rund 130 Mädchen und junge Frauen, die Hidschabs trugen und Koranverse zitierten. Abubakar Shekau teilte mit, die Entführungsopfer seien zum Islam konvertiert und würden erst dann freigelassen, wenn gleich viele inhaftierte Mitglieder der Boko Haram ihre Haft verlassen könnten. Laut Amnesty International sind die meisten Schülerinnen bis heute nicht gerettet worden, wie etwa 2000 andere Frauen, die seit 2014 von der Terrormiliz entführt und teils gezielt als Selbstmordattentäterinnen missbraucht wurden.

Im März 2015 schloss sich Boko Haram dem „Islamischen Staat" an. Seitdem erstreckt sich das Kalifat Abu Bakr al-Baghdadis bis Nigeria. Tausende Soldaten kamen aus Diffa und aus Bosso von der Sahelzone zur neuen IS-Front. Als Reaktion begannen Tschad und Niger eine Militäroffensive auf nigerianischem Boden. Es ist fraglich, ob sich die nigerianische Armee gegen die militärisch gut ausgerüstete Terrororganisation Boko Haram zukünftig besser durchsetzen kann. Zum Kampf gegen den Terrorismus zählt auch, gegen die politischen, sozialen und ökonomischen Ursachen des Terrors vorzugehen. Die Erfolge von Boko Haram bei der Rekrutierung von Kämpfern lassen sich auch der allgegenwärtigen Korruption in Nigeria zuschreiben.

Die Sinai-Halbinsel

Spätestens der gezielte Absturz einer russischen Passagiermaschine, zu dem sich der IS bekannte, hat den Blick auf die ägyptische IS-Filiale, einen der gefährlichsten Ableger des „Islamischen Staats", gelenkt. Die heutige Terrororganisation Wilayat Sinai (Provinz Sinai) ging aus der Dschihadisten-Gruppe Ansar Bait al-Maqdis hervor, die vermutlich von Chairat al-Schater (Muhammad Chairat Sad al-Schater), dem stellvertretenden Vorsitzenden der ägyptischen Muslimbrüder, in Abstimmung mit Mohammed al-Zawahiri, dem Bruder des al-Qaida-Führers, und der Hamas gegründet wurde. Diese Gruppe schloss sich im November 2014 dem IS an und nennt sich seitdem Wilayat Sinai. Davor war sie aktiv während der Massendemonstrationen auf dem Tahrir-Platz in Kairo vor und nach dem Rücktritt Mubaraks im Februar 2011, der Wahl Mohammed Mursis, des Parteivorsitzenden der Muslimbrüder, zum ägyptischen Staatspräsidenten im Juni 2012 und nach dessen Sturz im Juli 2013. Seit Mursis Entmachtung nahmen die Attacken auf die ägyptische Armee und die Sicherheitskräfte stark zu. Es kam zu massiven Anschlägen vor allem im Oktober 2014 in der Nähe der Stadt Al-Arisch, bei denen zahlreiche ägyptische Soldaten getötet wurden. Weitere Anschlagsserien beging die Terrororganisation unter ihrem neuen Namen Wilayat Sinai im Januar 2015 nahe der Grenzstadt Rafah, in Port Said und in Suez. Im März 2015 folgte ein schwerer Anschlag mit zahlrei-

chen Toten vor dem Polizeirevier in Assuan.
Der ägyptischen Regierung entglitt zunehmend die Kontrolle über den Sinai. Geheimdienste sehen in Ägypten die Gefahr, dass die IS-Dschihadisten militärische und organisatorische Strukturen übernehmen, die von Ex-Geheimdienstlern Saddam Husseins stammen. Hierbei werden Versuche unternommen, Beduinen-Stämme auf dem Sinai zu unterwandern, um die Bevölkerung kontrollieren zu können. Und bei der bisher schwersten Anschlagsserie auf dem Sinai griffen im Juni 2015 etwa 70 Attentäter mehrere Kontrollpunkte der Sicherheitskräfte im Norden der ägyptischen Halbinsel an. Wenig später erschütterten zwei Explosionen erneut die Stadt Rafah. Angesichts der überhandnehmenden Gewalt stellt sich die Frage, ob die ägyptische Führung unter Staatspräsident Abdel Fattah al-Sisi in der Lage ist, den Terror der „Provinz" des „Islamischen Staats" einzudämmen.

16 Der Islamische Staat und Europa

Der „Islamische Staat" hat sich entschieden, eine Front in Europa zu eröffnen. So kam es in Paris im November 2015 – zehn Monate nach den Attentaten vom Januar – am späten Abend erneut zu Terroranschlägen, die weitschichtig geplant und durchgeführt wurden. Überwiegend im 11. und im angrenzenden 10. Arrondissement wurden 130 Menschen getötet und 352 Menschen verletzt – in Cafés und Restaurants und im Konzertsaal des Klubs Bataclan. Diesen Pariser Attentaten folgten im März 2016 zwei Terrorangriffe: Im Flughafen Brüssel-Zaventen explodierten morgens kurz nacheinander zwei Sprengsätze. Eine weitere Bombe detonierte eine Stunde später in der U-Bahn-Station Maelbeek, die mitten im Europaviertel nahe dem Sitz der EU-Kommission und dem des Europäischen Rates liegt. 34 Menschen starben, 270 wurden verletzt.

In Brüssel haben sich alsbald die Anzeichen für einen direkten Zusammenhang mit den Attentaten in Paris verdichtet. Nur wenige Tage vor den Brüsseler Anschlägen (die, wie nachträglich verlautete, für einen weiteren Terroranschlag in Frankreich geplant waren) wurde der mutmaßliche Logistiker der Pariser Anschläge, Salah Abdeslam, ein französischer Terrorist marokkanischer Abstammung, nach monatelanger Fahndung in Brüssel gefasst. Außer den belgischen Brüdern Ibrahim und Khalid El Bakraoui, von denen der eine den Anschlag im Flughafen und der andere den Anschlag in der U-Bahnstation verübt haben, wurde zuletzt auch der Flughafen- und Paris-Attentäter Mohammed Abrini gefasst. Darüber hinaus dürfte für Paris auch der Algerier Mohammed Azis Belkaid bedeutsam gewesen sein, der zudem vom IS einen

Kampfauftrag erhalten haben soll. Der „Islamische Staat" erklärte sich für die Anschläge in Brüssel verantwortlich: „Soldaten des Kalifats" hätten „den Kreuzfahrerstaat Belgien" angegriffen, hieß es in einer Erklärung, die im Internet veröffentlicht wurde. Als Vergeltung der Angriffe gegen den „Islamischen Staat" werde es „schwarze Tage" geben.

Damit steht die Urheberschaft der IS-Anschläge fest, so dass sich der Blick auf Belgien richten kann. Die Angriffe trafen ein Land, das als Problemfall gilt und bisweilen sogar als ein „failed state" bezeichnet wird – mitten in Europa. Diese Charakterisierung für ein dysfunktionales Staatswesen ist überspitzt und sollte den „IS-Provinzen" (siehe Kap.15) vorbehalten bleiben, wenngleich mannigfache Probleme zwischen den Flamen und den Walonen existieren, die den belgischen Zentralstaat zeitweise zu einem fragilen Gebilde werden lassen. Was Brüssel betrifft, so erlangte der Stadtteil Molenbeek seine Bekanntheit als Herkunfts- und vorübergehender Wohnort dschihadistischer Extremisten. Molenbeek ist ein Stadtteil, der vom Staat und von der Gesellschaft allein gelassen wurde. Doch der Stadtteil ist keine europäische „Hauptstadt des Terrors", wie man ihn in medialer Überhöhung dargestellt findet. Bei einem Hinweis auf Brüssel und den Stadtteil Molenbeek ist zu berücksichtigen, dass es seit Nine Eleven mehrere große Terroranschläge in europäischen Hauptstädten gab – von Madrid (al-Qaida 2004) über London (al-Qaida 2005) bis Paris (IS 2015). Deswegen ist Brüssel kein Sonderfall, sondern ein Beispiel für eine desolate Sicherheitslage, in der sich namentlich Belgien, aber auch andere zentrale Teile der europäischen Welt seit Jahren befinden.

Nochmals zurück zum „Islamischen Staat" – zu den Pressestimmen der Terrororganisation: „Kämpfer des Daesh (IS) haben am Dienstag eine Reihe von Bombenanschlägen mit Sprengstoffgürteln und Sprengsätzen durchgeführt, die auf einen Flughafen und eine zentrale Metro-Station im Zentrum der belgischen Hauptstadt Brüssel zielten, in einem Land, das sich an der US-geführten Anti-Terror-Koalition gegen den Islamischen Staat beteiligt." Diese Verlautbarung stammt von der IS-Nachrichtenagentur „Amaq News" und lässt sich durch die französische Propagandazeitschrift „Dar al Islam" (Haus des Islam) ergänzen, die in ihrer Februar-Ausgabe 2016 eine umfangreiche Abhandlung zu den Terroranschlägen von Paris brachte. Der Artikel weist darauf hin, dass sich die „Ungläubigen" im Kriegszustand mit den Muslimen befänden und es daher berechtigt sei, Zivilisten in Cafés, Restaurants oder in einem Konzertsaal zu töten. Den Krieg in das Reich der „Ungläubigen" zu tragen, sei legitim und eine Pflicht.

Im Vorgehen des „Islamischen Staats" dokumentiert sich ein Wandel in der Strategie der Terrororganisation. Lag ursprünglich die Betonung auf der Anwerbung für den und der Ausreise in den IS und in das IS-Kalifat, so änderte sich die Doktrin mit den ersten Luftschlägen der USA und der US-geführten Koalition im August 2014. Kurz danach, im September 2014, rief Abu Mohammed al-Adnani, der Sprecher und Propaganda-Chef des IS, erstmals zu Anschlägen im Westen auf: „Wenn ihr dazu in der Lage seid, einen ungläubigen Amerikaner oder Europäer…, Australier, Kanadier oder irgendeinen anderen der Ungläubigen, die gegen uns Krieg führen…, zu töten, dann vertraut auf Gott und tötet sie, wie ihr wollt." Es ging hierbei zunächst nicht um große, spektakuläre Operationen wie bei al-Qaida, sondern um relativ leicht durchführbare Anschläge. Im Januar 2015 jedoch stellte dann der „Islamische Staat" in Syrien Gruppen zusammen, die für Europa einen Kampfauftrag erhielten. Das bedeutete eine Abkehr vom Prinzip „einsame Wölfe", von Einzeltätern, die sich im Internet radikalisieren und ohne Auftrag einen Anschlag ausführen. Der IS orientierte sich zunehmend am eigenen Vorgehen im syrischen und irakischen Kampfgebiet, wo unverdächtige Angreifer in ausgewählte Kreise einbezogen und auf das Anschlagsziel vorbereitet werden. Damit umgeht der IS nicht nur die Gefahr für die Kämpfer, aktenbekannt zu sein. Es gelang ihm auch, sehr rasch funktionierende Netzwerke in Europa aufzubauen und relativ komplexe Anschläge zu initiieren. Die Terroristen planten langfristig und bewegten sich über europäische Ländergrenzen hinweg. Beispielsweise war es dem mutmaßlichen Planer der Pariser Anschläge vom 13. November 2015, Abdelhamid Abaaoud, einem Belgier mit marokkanischer Abstammung, möglich, im Januar 2015, kurze Zeit nach den Pariser Januar-Anschlägen, von Syrien aus in Belgien einzureisen und von dort wieder über Griechenland nach Syrien zu fliehen. Anschließend erklärte er in einem Interview mit dem englischsprachigen IS-Propagandamagazin „Dabiq", er sei damals mit zwei Gesinnungsgenossen nach Europa gereist, „um die Kreuzzügler zu terrorisieren, die Krieg gegen die Muslime führen". Sein ungehindertes Pendeln beweise, „dass ein Muslim die Geheimdienste der Kreuzzügler nicht zu fürchten braucht". Dem entschieden entgegenzuwirken, ist eine unabdingbare Aufgabe – zumal kürzlich Abu Mohammed al-Adnani, möglicherweise inzwischen der Leiter der Abteilung „Externe Operationen", in einer Audiobotschaft dazu aufgerufen hat, in Europa und in den USA Terroranschläge zu verüben.

Ein Nachwort

Spätestens seit den Terroranschlägen auf das World Trade Center ist der Dschihadismus in das kollektive Gedächtnis der westlichen Länder gerückt. Damals versuchte al-Qaida die westliche Vorherrschaft mit einem Dschihad-Krieg zwischen Iman/Glauben und Kufr/Unglauben nach der Formel des dschihadistischen Ideologen Sayyid Qutb zu beseitigen. Danach hat die Terrororganisation einen Wandel vollzogen – vom zentralisierten zum regionalisierten Terrorismus. Aus der von Osama Bin Laden gelenkten Kern-al-Qaida bildeten sich lokale Gruppen in zahlreichen Ländern heraus – teils gemeinsam mit örtlichen Terroristen wie zum Beispiel in den russischen Kaukasusrepubliken.

Bevor es zu größeren Gruppenbildungen (zur AQIM, AQAP und zur al-Shabaab-Miliz) kam, erwies sich der Antiterrorkampf gegen al-Qaida als ein Problem. Al-Qaidas Vorteil zeigte sich in der Omnipräsenz der lokalen Gruppen. Wurde eine von ihnen enttarnt, dann war das für den Terror-Verbund von geringer Bedeutung. Denn Bin Laden und al-Zawahiri hatten, um es bildlich zu formulieren, eine terroristische Hydra geschaffen, der stets neue Terrorgruppen nachwuchsen. Daraus entstand nicht zuletzt die Notwendigkeit, den Antiterrorkampf in mehreren Weltregionen zu führen. Es ging seitdem nicht mehr nur um New York, London und Madrid, sondern um all die Orte, in denen lokale Terrorgruppen agieren.

Inzwischen ist der Dschihadismus des „Islamischen Staats" stärker in den Blickpunkt gerückt als al-Qaida in der Zeit ihres Dschihad-Kriegs und ihrer Terroranschläge. Der IS hat damit begonnen, sein Kalifat auf weitere Einflussgebiete auszudehnen: in sogenannten „Provinzen", in denen er in geringerem Maße von der US-geführten Anti-Terror-Koalition zu erreichen ist. In diesen Nachbarländern und über die islamische Welt hinaus beansprucht al-Baghdadi noch immer, den weltweiten Dschihad anzuführen – während der IS seit Monaten eroberte Territorien im Irak und in Syrien verliert. „Wir werden zurückkommen, stärker denn je", das ist die Parole.

Der „Islamische Staat" setzt mithin alles daran, weiterhin die gefährlichste Terrororganisation zu sein, auch wenn die Nachschubroute für ausländische Kämpfer über die türkische Grenze mittlerweile blockiert ist. Die Bedrohung durch den IS bleibt bestehen – auch für Europa. Bisher waren es Terroranschläge in Paris und in Brüssel. Aber es sollte allen Sicherheitsorganen zu denken geben, wenn Georg Mascolo in der Süddeutschen Zeitung schreibt: „In der IS-Propaganda taucht immer häufiger Deutschland auf. Zuletzt war es ein Bild des Köln-Bonner-Flughafens mit dem Text: ‚Was Deine Brüder in Belgien schaffen, schaffst Du auch.'"

Namen und Organisationen

Adnani, Abu Mohammed al- (*1977): syrischer Dschihadist und Chefsprecher des Islamischen Staats.
Al-Dschamaa al-islamiyya: eine ägyptische Dschihadistengruppe.
Albani, Muhammad, Nasir ad-Din al- (1914-1999): albanischer Ideologe des Dschihadismus.
Al-Qaida: dschihadistisches Terrornetzwerk, gegründet 1988 in Peschawar von Osama Bin Laden.
Al-Qaida im Irak: eine al-Qaida-Filiale im Irak, 2004-2006 unter dem jordanischen Dschihadisten Abu Musab al-Zarqawi.
Al-Qaida auf der Arabischen Halbinsel (AQAP): al-Qaida-Filiale im Jemen.
Al-Qaida im Islamischen Maghreb (AQIM): eine al-Qaida-Filiale in Nordafrika und der Sahel-Zone.
Anbari, Abu Ali al- (gest. 2015): der Stellvertreter Abu Bakr al-Baghdadis in Syrien.
Ansar al-Scharia: dschihadistische Gruppe in Libyen und Tunesien.
Awlaki, Anwar al- (1971-2011): ein amerikanisch-jemenitischer Dschihadist.
Azzam, Abdullah, Yusuf (1941-1989): palästinensischer Dschihadist und Mentor von Osama Bin Laden.
Baghdadi Abu Bakr al (*1971): irakischer Dschihadist, Kalif und Anführer des Islamischen Staats.
Banna, Hasan al- (1906-1949): der Gründer der ägyptischen Muslimbruderschaft.
Bin Laden, Osama (1957-2011): saudischer Dschihadist. Gründer und langjähriger Anführer der Al-Qaida.
Boko Haram: dschihadistische Terrorgruppe in Nigeria und seit 2015 dem Islamischen Staat angeschlossen.

Deobandismus: bezeichnet die Lehre der islamischen Hochschule Darul Uloom in der indischen Kleinstadt Deoband. Sie prägte den politischen Islam der Taliban.
Dschabhat al-Nusra: Dschihadistengruppe unter Abu Mohammad al-Daulani, al-Qaida-Filiale in Syrien.
Fadhli, Muhsin al- (1981-2015) ehemaliger Kommandeur der syrischen Khorasan-Gruppe der al-Qaida.
Freie Syrische Armee: Dachorganisation nicht-dschihadistischer Rebellen in Syrien.
Hisbollah: eine von Iran unterstützte libanesische schiitische Miliz.
Islamischer Staat (IS): ist die Nachfolgeorganisation des Islamischen Staats im Irak und in (Groß-)Syrien (ISIS) sowie die Nachfolgeorganisation des Islamischen Staats im Irak.

Khomeini, Ruhollah, Ayatollah (1902-1989): iranischer Revolutionsführer und der Oberste Führer des Iran von 1979 bis 1989.
Madschlis Schura Schabaab al-Islam: Brückenkopf des Islamischen Staats im libyschen Derna.
Maqdisi, Abu Mohammed al- (*1959) jordanischer Dschihadist. Ideologe und Unterstützer al-Qaidas.
Muslimbruderschaft: islamistisch-dschihadistische Organisation, 1928 in Ägypten von Hasan al-Banna gegründet.
Naji, Abu Bakr (*1961-2008): ägyptischer Dschihadist und Autor von „The Management of Savagery".
Omar, Mohammed (Mullah) (1962-2013): Anführer der Taliban und Emir des Islamischen Emirats Afghanistan.
Quds-Brigaden: Eliteeinheiten der iranischen Revolutionsgarden (Pasdaran)
Qutb, Sayyid (1906-1966): Ideologe des Dschihadismus mit Einfluss auf bedeutende Dschihadisten, vor allem Osama Bin Laden.
Schischani, Abu Omar al- (*1986): georgischer Dschihadist und

Kommandeur des Islamischen Staats.
Shabaab, al-: Dschihadistenmiliz in Somalia, Filiale der al-Qaida seit 2012.
Siba'i, Mustafa, al- (1915-1964): syrischer Islamist und Anführer der syrischen Muslimbruderschaft.
Taimiya, Taqi ad-Din Ahmad ibn (1263-1328): syrischer Theologe mit Einfluss auf Dschihadisten wie Abu Musab al-Zarqawi.
Taliban: Deobandisch-dschihadistische Miliz, die von 1996-2001 mit ihrem Islamischen Emirat Afghanistan unter Mullah Omar die Staatsmacht Afghanistans übernommen hatte und heute wieder aktiv ist.
Turkmani, Abu Muslim al- (Hyali, Fald Ahmed Abdullah al- (gest. 2015): Stellvertreter al-Baghdadis im Irak.
Wahhab, Mohammed ibn Abd al- (1703-1792): Religionsführer und Gründer der wahhabitischen Glaubensdoktrin, die noch heute Staatsdoktrin in Saudi-Arabien ist.
Wilayat Sinai (ehemaliger Name: Ansar Bait al-Maqdis): dschihadistische Gruppe im Sinai, die sich im November 2014 dem IS angeschlossen hat.
Wuhayschi, Nasir al- (1976/2015): jemenitischer Dschihadist, Gründer und Anführer von AQAP.
Zarqawi, Abu Musab al- (1966-2006): jordanischer Dschihadist und Anführer der al-Qaida im Irak (AQI).
Zawahiri, Ayman al- (*1951): ägyptischer Dschihadist und Nachfolger Bin Ladens als Anführer der al-Qaida.

Literaturhinweise

Abdel-Samad, Hamed und Khorchide, Mouhanad, Zur Freiheit gehört, den Koran zu kritisieren. Ein Streitgespräch, Freiburg i. Br. 2015.
Alabied, Ryad, Die Gerechtigkeit im Islam unter besonderer Berücksichtigung des Koran, Mainz 2001.
Akyol, Cigdem, Erdogan. Die Biographie, Freiburg 2015.
Ali, Ayaan Hirsi, Ich klage an, München 2005.
Al-Rasheed, Madawi, A History of Saudi Arabia, Cambr. 2002.
An-Na'im, Abdullahi Ahmed, Toward an Islamic Reformation, Syracuse 1990.
Ayubi, Nazih, Politischer Islam. Religion und Politik in der arabischen Welt, Freiburg i. Br. 2002.

Balke, Ralf, Israel – Geschichte; Politik, Kultur, München 2013.
Barnard, Anne, Blast in Beirut Is Seen as an Extension of Syria's War, in: The New York Times, 19. Oktober 2012.
Barnard, Anne and Gladstone, Rick, Rebel Infighting Spreads to an Eastern Syrian City, in: The New York Times, 6. Januar 2014.
Barret, Richard, Foreign Fighters in Syria, New York 2014.
Baumgarten, Helga, Hamas. Der politische Islam in Palästina, München 2006.
Baumgarten, Helga, Kampf um Palästina – Was wollen Hamas und Fatah ?, Freiburg i. Br. 2013.
Bergen, Peter L., Heiliger Krieg Inc. Osama Bin Ladens Terrornetz. Berlin 2003.
Berger J.M., The Islamic State's Irregulars, in: Foreign Policy, 23. Dezember 2014.
Bergesen, Albert J., The Sayyid Qutb Reader. Selective Writings on Politics, Religion and Society, New York 2008.

Bickel, Markus, Moderate Terroristen?, in: Frankfurter Allgemeine Zeitung, 29. Mai 2015.
Bobzin, Hartmut, Der Koran. Neu übertragen von Hartmut Bobzin.
Bobzin, Hartmut, Der Koran – Eine Einführung, München 2001.
Bobzin, Hartmut, Mohammed, München 2002.
Bonner, Michael, Jihad in Islamic History. Doctrines and Practice, Princeton 2006.
Buchta, Wilfried, Terror vor Europas Toren, Frankfurt/M.2016.
Brisard, Jean-Charles, Zarqawi.The New Face of Al-Qaida, New York 2005.
Brown, Jonathan, Salafis and Sufis in Egypt, (The Carnegie Papers) 2011.
Burgat, Francois, Face to Face with Political Islam, London 2005.
Burke, Jason, Al-Qaida – Wurzeln, Geschichte, Organisation, Düsseldorf und Zürich 2005.

Calvert, John, Sayyid Qut-Band the Origins of Radical Islamism, London 2010.
Chivers, Chris, After Retreat, Iraqi Soldiers Fault Officers, in: The New York Times, 1. Juli 2014.
Chulov, Martin, Iran sends troops into Iraq to aid fight against ISIS militants, in: The Guardian, 14. Juli 2014.
Chulov, Martin, ISIS: The Inside Story, in: The Guardian, 11. Dezember 2014.
Chulov, Martin, Lack of political process in Iraq risks further gains for ISIS, in: The Guardian, 18. Januar 2015.
Clarke Richard A., Against all Enemies, München 2004.
Cockburn Patrick, The Rise of the Islamic State: ISIS and the New Sunni Revolution, London 2015.
Cook, Michael, Commanding Right and Forbidding Wrong in Islamic Thought, New York 2000.

Comolli, Virginia, Boko Haram. Nigeria's Islamist Insurgency, London 2015.
Croitoru, Joseph, Hamas – Der islamische Kampf um Palästina, München 2007.

Daly, M. (Hrsg.), The Cambridge History of Egypt, Bd. 2, Cambridge 1998.
Damir-Geilsdorf, Sabine, Herrschaft und Gesellschaft. Der islamische Wegbereiter Sayyid Qutb und seine Rezeption, Würzburg 2003.
Diehl, Wiebke, Das Selbstverständnis der Hisbollah. Libanon, Islam und die arabische Dimension in Hassan Nasrallahs Reden, Berlin 2011.
Domokos, John and Rees, Alex, Jihad, Syria and social media, in: The Guardian, 15. April 2014.

Edlinger, Fritz und Kraitt, Tyma (Hrsg.), Syrien. Hintergründe, Analysen Berichte, Wien 2013.
Elger, Ralf (Hrsg), Kleines Islam-Lexikon – Geschichte, Alltag, Kultur, München 2001.
Engelleder, Dies, Die islamistische Bewegung in Jordanien und Palästina 1945-1989, Wiesbaden 2002.

Fahim, Kareem, Government allies are said to have slaughtered dozens of sunnis in Iraq, in: The New York Times. 29. Januar 2015.
Felter Joseph/Fishman, Brian, Al-Qa'idas Foreign Fighters in Iraq. A First Look at the Sinjar Records. Combating Terrorism Center, West Point 2007.
Frank, Hans und Hirschmann, Kai (Hrsg.), Die weltweite Gefahr – Terrorismus als internationale Herausforderung, Berlin, 2002.

Fraser, Giles, To Islamic State, Dabiq is important – but it's not the end of the world, in: The Guardian, 10. Oktober 2014.

Gunaratna, Rohan, Inside Al Qaeda – Global Network of Terror, Columbia 2002.

Hale, William/Özbudun, Ergun, Islamism, Democracy and Liberalism in Turkey, London 2010.
Hallmich, Al-Qaida. Vom globalen Netzwerk zum Franchise-Terrorismus, Darmstadt 2012.
Halm, Heinz, Die Araber, München 2010.
Halm, Heinz, Der Islam, München 2011.
Harrison, Ross, Towards a Regional Strategy Contra ISIS, in: Parameters, Vol. 44, Nr. 3, Herbst 2014.
Hassan, Hasan, A jihadist blueprint for hearts and minds is gaining traction in Syria, in: The National, 4. März 2014.
Heine, Peter, Terror in Allahs Namen – Extremistische Kräfte im Islam, Freiburg i. Br. 2001.
Hermann, Rainer, Krisenregion Nahost, Zürich 2010.
Hermann, Rainer, Endstation Islamischer Staat?, München 2015.
Hirschmann, Kai und Leggemann, Christian (Hrsg.), Der Kampf gegen den Terrorismus – Strategien und Handlungserfordernisse, Berlin o. J.
Hroub, Khaled, Hamas. Die islamische Bewegung in Palästina, Heidelberg 2011.

Jacquard, Roland; Die Akte ‚Osama bin Laden', München 2001.
Jaimoukha, Amjad, The Chechens, Oxon 2005.
Juergensmeyer, Mark, Terror im Namen Gottes, München 2004.

Karakas, Cemal, Türkei: Islam und Laizismus zwischen Staats-, Politik- und Gesellschaftsinteresse, Frankfurt 2007.

Kepel, Gilles, Das Schwarzbuch des Dschihad. Aufstieg und Niedergang des Islamismus, München 2004.
Kepel, Gilles, Die neuen Kreuzzüge. Die arabische Welt und die Zukunft des Westens, München 2004.
Kepel, Gilles und Milelli, Jean-Pierre, Al-Qaida – Texte des Terrors, München 2006.
Keith, Ross, How Many Fighters Does ISIS Have, in Vocativ, 19. Februar 2015.
Khatib, Line, Islamic Revivalism in Syria. The Rise and Fall of Ba'thist Secularism, New York 2011.
Kilcullen, David, The Accidental Guerilla: Fighting Small Wars in the Midst of a Big One, London 2009.
Kirkpatrick, David D., Militant Group in Egypt Vows Loyalty to ISIS, in: The New York Times, 10. November 2014.
Kraetzer, Ulrich, Salafisten: Bedrohung für Deutschland?, Gütersloh 2014.
Krämer, Gudrun, Gottes Staat als Republik, Baden-Baden 1999.
Krämer, Gudrun, Geschichte des Islam, München 2005.
Krämer, Gudrun, Hasan al-Banna, Oxford 2010.
Kreiser, Klaus, Geschichte der Türkei, München 2012.
Küng, Hans, Projekt Weltethos, München 1990.
Künthel, Matthias, Djihad und Judenhass – Über den neuen antisemitischen Krieg, Freiburg 2002.

Lachmann, Günther, Tödliche Toleranz. Die Muslime und unsere offene Gesellschaft, München 2007.
Laqueur, Walter, Krieg dem Westen – Terrorismus im 21. Jahrhundert, München 2003.
Larrabe, F. Stephen and Alireza, Nader, Turkish-Iranian Relations in a Changing Middle East, Santa Monica 2013.
Lefèvre, Raphael, Ashes of Hama: The Muslim Brotherhood in Syria, London 2013.

Lister, Charles, Dynamic Stalemate: Surveying Syria's Military Landscape, Doha 2014.
Lohlker, Rüdiger, Dschihadismus. Materialien, Wien 2009.
Lobmeyer, Hans Günther, Opposition und Widerstand in Syrien, Hamburg 1995.

MacKey, Robert, The Case for ISIS, Made in a British Accent, in: The New York Times, 20. Juni 2014.
Malet, David, Foreign Fighters: Transnational Identity in Civil Conflicts, Oxford, 2013.
Malik, Shiv, Laville, Sandra, Cresci, Elena, Gani, Aisha, Islamic State: ISIS hijacks Twitter hashtags to spread extremist message, in: The Guardian, 25. September 2014.
Martin, Vanessa, Creating an Islamic State. Khomeini and the Making of a New Iran, London 2000.
Mascolo, Georg, Der IS sitzt auf dem Trockenen, in: Süddeutsche Zeitung, 8. April 2015.
Mascolo, Georg, Deutscher IS-Rekrut. Einer packt aus, in: Süddeutsche Zeitung, 16. Juli 2015.
Mascolo, Georg, Du sollst töten, Süddeutsche Zeitung, 30. Mai 2016.
Mosendz, Polly, ISIS Captive John Cantlie Appears in New Propaganda Video, in: Newsweek, 5. Januar 2015.
Müller, Harald, Supermacht in der Sackgasse – Die Weltordnung nach dem 11. September, Bonn 2003.
Musallam, Adnan A., From Secularism to Jihad. Sayyid Qutb and the Foundations of Radical Islamism, Westport 2005.

Neudeck, Rupert, Es gibt ein Leben nach Assad, München 2013.
Neumann, Peter R., Old and New Terrorism: Late Modernity,

Globalisation and the Transformation of Political Violence, Cambridge 2009.
Neumann, Peter R., Algorithmen und Agenten, in: Internationale Politik, Nov/Dez. 2014.
Neumann, Peter R. (Hrsg.), Radicalization – Volume II: Issus and Debates, London/New York 2015.
Neumann, Peter R., Die neuen Dschihadisten, Berlin 2015.

Ourghi, Mariella, Muslimische Positionen zur Berechtigung von Gewalt. Einzelstimmen, Revisionen, Kontoversen, Würzburg 2010.

Pall, Zoltan, Kuwaiti Salafism and its Growing Influence in the Levant, Washington 2014.
Paret, Rudi, Der Koran. Kommentar und Konkordanz, Stuttgart 1980.
Pohly, Michael und Durán Khalid, Osama bin Laden und der internationale Terrorismus, München 2001.

Qutb, Sayyid, Al-Adāla al-iğitimā iya fi l-Islam (Soziale Gerechtigkeit im Islam), Kairo 1954.
Qutb, Sayyid, Ma'alim fi t-tariq (Wegzeichen), Kairo, 1995.

Rabasa, Angel et al., Beyond al-Qaeda, in: The Global Jihadist Movement, Santa Monica 2006.
Raddatz, Hans-Peter, Von Allah zum Terror? – Der Djihad und die Deformierung des Westens, München 2002.
Rashid, Ahmed, Taliban – Afghanistans Gotteskrieger und der neue Krieg am Hindukusch, München 2010.

Reuter, Christoph, Die schwarze Macht. Der „Islamische Staat" und die Strategen des Terrors, München 2015.

Reuter, Christoph, The Terror Strategist: Secret Files Reveal the Structure of the Islamic State, in: Spiegel Online, 18. April 2015.
Röhrich, Wilfried, Herrschaft und Emanzipation. Prolegomena einer kritischen Politikwissenschaft, Berlin 2001.
Röhrich, Wilfried, Die Macht der Religionen. Glaubenskonflikte in der Weltpolitik, München 2004.
Röhrich, Wilfried, Die Politisierung des Islam. Islamismus und islamistischer Terrorismus, in: Berlin-Brandenburgische Akademie der Wissenschaften (Hrsg.), Band 17, 2007.
Röhrich, Wilfried, Die Politisierung des Islam. Islamismus und Dschihadismus, Wiesbaden 2015.
Röhrich, Wilfried, Der Mythos vom Kalifat, in: Süddeutsche Zeitung, 5. April 2015.
Roggio, Bill, Slain Syrian official supported al-Qaeda in Irak, in: The Long War Journal, 24. Juli 2012.
Roggio, Bill, Free Syrian Army issues ultimatum to al-Qaeda over murder of commander, in: The Long War Journal, 13. Juli 2013.
Rose, Steve, The ISIS propaganda war: a hi-tech media jihad, in: The Guardian, 7. Oktober 2014.

Safi, Michael, Not all foreign fighters will pose a security threat to Australia, says expert, in: The Guardian, 15. April 2015.
Said, Behman T. und Hazim Fouad (Hrsg.), Salafimus: Auf der Suche nach dem wahren Islam, Freiburg 2014.
Said, Behnam T., Islamischer Staat. IS-Miliz, al-Qaida und die deutschen Brigaden, München 2014.
Schneckener, Ulrich, Netzwerke des Terrors: Charakter und Strukturen des Terrorismus, Berlin 2002.
Seidensticker, Tilman, Islamismus. Geschichte, Vordenker, Organisationen, München 2014.
Seufert Günter, Staat und Islam in der Türkei, Berlin 2004.

Sherlock, Ruth and Spencer, Richard, Syria's Assad accused of boosting al-Qaeda with secret oil deals, in: The Telegraph, 20. Januar 2014.

Sivan, Emmanuel, Radical Islam. Medieval Theology and Modern Politics, New Haven/London 1985.

Sly Liz, Syria tribal revolt against Islamic State ignored, fueling resentment, in: The Washington Post, 20. Oktober 2014.

Steinberg Guido, Islamismus und islamistischer Terrorismus im Nahen und Mittleren Osten – Ursachen der Anschläge vom 11. September 2001, Bonn 2002.

Steinberg, Guido, Der nahe und der ferne Feind, Die Netzwerke des islamischen Terrors, München 2005.

Theveßen, Elmar, Nine Eleven. Der Tag, der die Welt veränderte, Berlin 2012.

Tibi, Bassam, Die fundamentalistische Herausforderung. Der Islam und die Weltpolitik, München 1992/2002.

Tibi, Bassam, Kreuzzug und Djihad. Der Islam und die christliche Welt, München, 1999.

Todenhöfer, Jürgen, Inside IS, Gütersloh 2015.

Ulfkotte, Udo, Propheten des Terrors – Das geheime Netzwerk der Islamisten, München 2001.

Ulfkotte, Udo, Der Krieg in unseren Städten – Wie radikale Islamisten Deutschland unterwandern, Frankfurt 2003.

Wageakers, Joas, A Quietist Jihadi. The Ideology and Influence of Abu Muhammad al-Maqdisi, New York 2012.

Weinstein, Jeremy, Inside Rebellion: The Politics of Insurgent Violence, Cambridge 2007.

Wright, Lawrence, The Masterplan, in: The New Yorker, 11. September 2006.
Wright, Lawrence, Der Tod wird euch finden. Al-Qaida und der Weg zum 11. September, München 2008.

Al-Zawahiri, Aiman, Knights Under the Prophet's Banner, Casablanca 2001.

Register

Adnani, Abu, Mohammed al-
42, 82, 84
Afghanistan
35, 43
Ägypten 28, 35
AKP 66f.
Ansar asch-Scharia (in Libyen)
76f.
Al-Nusra Front
11, 41f., 44, 74
Al-Qaida
9, 11, 19, 29ff., 33f., 39, 41
42ff., 44, 84f.
Al-Qaida im Islamischen
Maghreb 42
Al-Qaida im Irak
38ff.
Al-Qaida der Arabischen
Halbinsel 42

Al-Shabaab 43, 84
Amaq News 82
Ansar al-Scharia 76

Antikolonialismus 18f.
Arabischer Frühling 41, 71.
Assad, Baschar al-
10, 12, 62, 70ff.
Assad, Hafez, al- 69f.
Atatürk, Mustafa, Kemal 65, 66
Azzam, Abdallah, Yusuf 33

Baghdadi, Abu Bakr al-
10, 39, 41, 44, 45ff.
Banna, Hasan al- 27ff.
Bin Laden, Osama
28, 33ff., 42f.
Boko Haram 76ff.
Brüssel 80ff.

Bürgerkrieg (Syrien)
71ff.
Bush, George W. 30f., 37f.

Dabiq (IS-Magazin) 48
Darul Uloom 49f.
Deobandismus
49ff., 76ff., 84f.
Dschabhat al-Nusra
(s. auch al-Nusra-Front) 11, 41f.
Dschahiliyya 9, 21ff.
Dschihadismus
14f., 19, 21, 46ff., 79.
Dschiad 15f., 22, 33, 38

Erbakan, Necmettin 65f.
Erdogan, Recep, Tayyip
64, 66ff.

Freie Syrische Armee 62
Failed States 13, 19

Gaddafi, Muammar 75
Haftar, Khalifa (Libyen)
75ff.

Hussein, Saddam 75f.

Iman-Hatip-Schulen 67f.
Internationale Allianz gegen
den IS 60ff.
Irak 10, 12, 19, 37ff., 41,
43, 60, 61f.
Iran 61,62f.
Islamischer Staat (IS)
10, 12, 42ff., 44, 46ff.,
79, 80ff., 84ff.
Islamischer Staat im Irak (ISI)
42f.
Islamischer Staat im Irak und
(Groß-)Syrien (ISIS) 42f.

Karzai, Hamid 51
Kalifat 10f., 17, 45ff., 47ff.
Kerbela 53
Khomeini, Ruholla 57f.
Kolonialismus 15, 19
Koran 14f., 16
Kurdistan 64, 74

Libyen 12, 60, 75ff.

Medina 15f., 45, 54
Mekka 14ff., 45f., 54
Mossul 10, 45f., 61
Mursi, Mohammed 78
Muslimbruderschaft
9f., 25f., 27f.
Naji, Abu Bakr 47f.

Nasser, Gamal Abdel 26
Nationalstaaten 17ff.
Nigeria 12, 60, 76ff.
Nimr, Bagir Amin al- 11

Omar, Mullah 50ff.
Osmanisches Reich
11, 64, 67

Paris 60, 80
PKK 11, 61, 63
Putin, Wladimir
12, 61, 70ff., 72f.

Qutb, Mohammed 28
Qutb, Sayyid
9, 21ff., 31, 33f.

Raqqa 10, 61
Revolutionsgarden 57f.
Russland 69, 72f.

Sadat, Anwar al- 26f.
Saud I. 55f.
Saud, Abd al-Azis ibn 56f.
Saud, Mohammed bin 55f.
Saudi-Arabien
11, 28, 35, 54ff., 62
Scharia 14, 39
Schiiten 53f., 57
Sinai 12, 60, 78ff.
Sowjetunion 69f.
Sunna-Schia-Konflikt 10, 39f., 53ff.

Syrien 12, 19, 41, 43, 60

Taimiya, ibn 39
Taliban 49ff.
Tunesien 76
Türkei 60, 63, 64ff.
Wahhab, Muhammad, ibn Abd, al- 55

Wahhabismus 55f.
Wilayat Sinai 78f.
Wright, Lawrenz 32
Wuhayschi, Nasir al- 43
Zarqawi, Abu Musab al- 10, 38f.
Zawahiri, Aiman al- 33f., 42f.,44
Zuman 68